ClimatePartner°
klimaneutral
Verlag | ID: 128-50040-1010-1082

Selbstverpflichtung zum nachhaltigen Publizieren

Nicht nur publizistisch, sondern auch als Unternehmen
setzt sich der oekom verlag konsequent für Nachhaltigkeit ein.
Bei Ausstattung und Produktion der Publikationen orientieren
wir uns an höchsten ökologischen Kriterien.

Dieses Buch wurde auf 100 % Recyclingpapier, zertifiziert mit
dem FSC®-Siegel und dem Blauen Engel (RAL-UZ 14), gedruckt.
Auch für den Karton des Umschlags wurde ein Papier aus
100 % Recyclingmaterial, das FSC®-ausgezeichnet ist, gewählt.
Alle durch diese Publikation verursachten CO_2-Emissionen werden
durch Investitionen in ein Gold-Standard-Projekt kompensiert.
Die Mehrkosten hierfür trägt der Verlag.
Mehr Informationen finden Sie hinten im Buch und unter:
http://www.oekom.de/allgemeine-verlagsinformationen/ ·
nachhaltiger-verlag.html

Bibliografische Information der Deutschen Nationalbibliothek:
Die Deutsche Nationalbibliothek verzeichnet diese Publikation
in der Deutschen Nationalbibliografie; detaillierte bibliografische
Daten sind im Internet über http://dnb.d-nb.de abrufbar.

© 2019 oekom verlag München
Gesellschaft für ökologische Kommunikation mbH
Waltherstraße 29, 80337 München

Layout: Ines Swoboda, oekom verlag
Satz: Reihs Satzstudio, Lohmar
Lektorat: Susanne Darabas, München
Korrektorat: Maike Specht, Berlin
Umschlagkonzeption: www.buero-jorge-schmidt.de
Umschlaggestaltung: Elisabeth Fürnstein, oekom verlag
Druck: Friedrich Pustet GmbH & Co. KG, Regensburg

ISBN 978-3-96238-145-5

Peter Spiegel

WeQ Economy

Wege zu einer Wirtschaft
für den Menschen

Gewidmet
den Pionieren einer
WeQ Economy

sowie
Huschmand, Huschang
und Hafez Sabet

Inhalt

Vorwort

Als wir, eine Gruppe aus neun gesellschaftlich engagierten und sozialinnovativ orientierten Unternehmern, 2008 das WeQ Institute gründeten, das damals noch Genisis Institute for Social Business and Impact Strategies hieß, führte uns diese Vision zusammen: »Social« und »Business« sind kein Widerspruch. Sie bilden eine untrennbare Einheit, zu der auch das Ökologische gehört.

Im Jahr 2014 sahen wir uns in einer zweistufigen Studie mehr als 200 neuartige und im Einzelnen schon weltverändernde Einzeltrends, wie Open Source oder soziale Innovationen, Share Economy, freie Lernsoftware, Co-Creation, Wikipedia, Design Thinking und vieles mehr, an und waren überrascht. Wir entdeckten dahinterliegend einen umfassenden Megatrend. Denn all diese neuen Einzeltrends trugen die DNA einer neuen Dimension von *Wir-Qualitäten* in sich. Sie zeichneten sich durch eine deutlich stärkere Orientierung an gesamtsystemischer Verantwortung aus und durch ein deutlich stärker kollaboratives Denken und Wirken. Wir identifizierten diese Eigenschaften als neue Intelligenzdimension bei jedem dieser Trends und gaben dem Megatrend den Namen »WeQ«. Damit war die Formel »WeQ – More than IQ« geboren. Viele systemische Vordenker reagierten auf unsere Forschung und Benennung mit der Rückmeldung, WeQ sei tatsächlich viel mehr als ein Megatrend, es sei schlicht der Kern des Paradigmenwechsels unserer Zeit, der Kern des gegenwärtig hervortretenden neuen Kondratjew-Zyklus, also die nächste Entwicklungsstufe nach dem Informationszeitalter. Die *technologisch-digitale* Vernetzung findet ihre notwendige Entsprechung durch eine neue Qualität kollaborativer *menschlicher* Vernetzung. Mit einigen Vordenkern wie Gerald Hüther, Ulrich Weinberg, Helga Breuninger, Günter Faltin und Margret Rasfeld gründeten wir noch im selben Jahr die WeQ Foundation.

In der weiteren Beobachtung offenbarte sich, wie schnell und tief greifend WeQ das Grundverständnis von Ökonomie verändert – nicht nur bei den Protagonisten der neuen WeQ-Trends selbst, sondern bis in die Thinktanks hinein, die sich jahrzehntelang als Fürsprecher neoliberalen Denkens hervorgetan hatten, und bis in die Führungskreise von immer mehr traditionellen Unternehmen. Wir überlegten uns auch für diese Entwicklung eine neue Begrifflichkeit und sprachen zunächst vom Prozess »Economy to Weconomy«. Inzwischen sind wir wieder näher an unseren Kernbegriff »WeQ« herangerückt und sprechen nun von »Economy to WeQ Economy«. Denn tatsächlich handelt es sich im Kern um eine Transformation des bisherigen Verständnisses von »Economy« hin zu einer »WeQ Economy«.

Dieser Megatrend und Paradigmenwechsel und der damit verbundene, tief greifende Wandel von Ökonomie sowie die profunde Weiterentwicklung unseres Verständnisses von Wohlstand werden in den nächsten Kapiteln näher beschrieben. Die Kernausführungen der beiden entsprechenden Kapitel werden aus unserem Buch »WeQ – More than IQ. Abschied von der Ich-Kultur« adaptiert.

Es ist uns ein Anliegen, nachvollziehbar zu machen, weshalb wir der Überzeugung sind, dass die Wende zu einer substanziell humaneren und nachhaltigeren Ökonomie und zu einem weit umfassenderen Wohlstand für alle keine Utopie darstellt. Sie ist schlicht ein notwendiger und unvermeidlicher nächster Evolutionsschritt, der die gesamte Welt reicher und nachhaltiger machen wird.

Wie könnte eine Welt ärmer sein, in der nicht nur eine halbe Milliarde Menschen ihr Potenzial halbwegs gut ausschöpft, sondern alle siebeneinhalb Milliarden »lebenslange weltbeste Bildung und Potenzialentfaltung« genießen, wie es die weiter unten vorgestellte Khan Academy tatsächlich ermöglicht?

Wie könnte eine Ökonomie schwächer werden, die auf solcherart individuellen und kollaborativen menschlichen Potenzialen aufbaut, wodurch jeder Mensch selbstverantwortlicher, selbstwirksamer, kooperativer, agiler und kreativer lernt, lebt und arbeitet?

Wie sollte eine zügig auf konsequente 100-Prozent-Nutzung von erneuerbaren Energien, Kreislaufwirtschaft sowie Innovationslernen von der Natur umgesteuerte Forschungs-, Investitions-, Gesellschafts- und Wirtschaftspolitik der Wirtschaft oder sonst jemandem schaden? So und nur so rechnen sich Investitionen nachhaltig und schaffen wir »blühende Landschaften« in einem wirklich umfassenden Wortsinne.

Warum sollte es noch Gesellschaften mit hohen Wohlstandsunterschieden geben, wenn selbst lernende Maschinen, Maschinenparks und Roboter uns von immer mehr monotoner Arbeit befreien können? Selbstverständlich können wir klügere Antworten für eine universelle Fortschrittsteilhabe finden als immer stärkere Eigentumskonzentration.

Wie könnte es den Menschen schlechter gehen, wenn sie Wohlstand nicht länger auf Konsum verengt definieren, sondern erweitert zu umfassendem Wohlsein und wechselseitigem Wohltun? Und wenn materieller Wohlstand gleichzeitig nachhaltigen Umgang mit unseren Ökosystemen bedeutet und damit zu einem immer besseren und sinnstiftenden Leben führt?

Die Welt ist voller Konzepte, Erfindungen, technischer und sozialer Innovationen, Lern- und Bildungsansätze sowie erfolgreicher Best Practices für einen Sprung zu jenem *Neuen Wohlstand für alle*, der aus sehr vielen Gründen tatsächlich unvermeidlich ist, wie sich aus der Lektüre hoffentlich klar ergeben wird.

Wenn wir die immensen Chancen, die uns die Zukunft für die Gestaltung unseres Lebens bereithält, klug nutzen, braucht niemand mehr vor Verlust, Abgehängtwerden oder Ähnlichem Angst zu haben. Bereits die sehr nahe Zukunft kann unser individuelles, soziales, gesellschaftliches, seelisch-geistiges, ökosystemisches und auch materielles Wohlergehen nachhaltig verbessern. Wir müssen dafür jedoch als Erstes den notwendigen Schritt heraus aus dem Angstmodus tun und hinein in ein Nachdenken darüber, wie unsere Zukunft frei von Angst aussehen kann. Dann können wir im zweiten Schritt auch immer mehr mitgestalten, was wohl die bisher reichste, erfüllendste und am meisten Sinn stiftende Lebensform darstellt.

Zum Zeitpunkt des Erscheinens dieses Buches treten wir mit dem Wirken unseres Instituts in eine neue Phase ein: Wir haben einen WeQ-Learning-Ansatz entwickelt, der es *allen* Interessierten ermöglicht, in einen selbst gesteuerten Lernprozess zum tiefen Verstehen und praktischen Umsetzen des WeQ-Denkens einzusteigen. Wir haben erkannt, dass, nur wenn *alle* hier passende Angebote finden, der eigentlich nahe Wandel rasch und umfassend genug greifen kann. Der Aufbau eines solch facettenreichen WeQ Learning Systems kann selbstverständlich nur als offener Prozess gelingen. Wir fangen damit einfach so an, wie im abschließenden Kapitel skizziert. Das Ziel ist, eine WeQ-Bewegung zu initiieren. Diese wird nur dann erfolgreich sein, wenn tatsächlich alle den WeQ-Wandel in seinem Potenzial erkennen und mitgestalten.

Berlin, Juni 2019
Peter Spiegel

»WeQ – More than IQ«

Paradigmenwechsel
im Namen der Zukunft

IQ steht klassischerweise für den menschlichen Intelligenz-quotienten. Wenn man die Chiffre IQ jedoch auf die Ebene ihrer gesellschaftlichen Relevanz hebt, steht sie für Ich-Qualitäten: *meine* Intelligenz und *meine* Fähigkeit, sie zu nutzen. Wofür steht WeQ? Für Wir-Qualitäten. Über ein Jahrhundert lang war man allgemein überzeugt, es komme in erster Linie auf die Ich-Qualitäten von Individuen an, vor allem basierend auf deren IQ.

Nahezu alle bahnbrechenden Innovationen, welche die Grundlage der bisherigen Kondratjew-Zyklen waren, gehen auf geniale Entwicklungsleistungen zurück, die von Einzelpersonen gedacht und angepackt wurden. Kein Wunder daher, dass unser Denken von diesen »Helden des Fortschritts« geprägt war. Kein Wunder auch, dass sich der Wert eines Menschen für die Gesellschaft vor allem daran festmachte, welche Ich-Qualitäten er entwickelte. Wie viel Macht und Vermögen einem Menschen zustehen und wie viel Ungleichheit zwischen den Menschen gerechtfertigt ist, wurde abgeleitet und gerechtfertigt anhand von Einschätzungen seiner Leistungskraft und auf Grundlage seiner Ich-Qualitäten. In diesem Sinne verstanden, war IQ Antriebsmythos und äußerst langlebiger Megatrend mit einer unbestreitbar bestechenden Erfolgsbilanz. Aber auch mit einer Vielzahl unschöner und unkluger Nebenwirkungen.

Und jetzt soll dieser Megatrend sich seinem Ende zuneigen? Von einem anderen Megatrend abgelöst werden, der ein so klares »I« durch ein diffuses »We« ersetzt? Genau dies scheint sich anzukündigen: mit einem grundlegend neuen Lebensgefühl und mit gravierend anderen Lebenserfahrungen, in allen Facetten, Biotopen, Sektoren und Lebenslagen und mit schon jetzt irritierend starken Erfolgsgeschichten. WeQ meint wir-bezogene Qualitäten. WeQ verfolgt *gemeinwohlorientierte Ziele* und ist auf *team- und kollaborationsorientierte Prozesse* ausgerichtet.

Die schlimmste Botschaft für die IQ-Orientierung ist: WeQ-Orientierung ist nicht nur ökologisch und sozial deutlich nachhaltiger, sondern auch intelligenter, kreativer, leistungsstärker, in einem umfassenden Wortsinne bereichernder und – wenn sich unternehmerisches Denken dafür öffnet – auch ökonomisch erfolgreicher. Der Orientierung an Ich-Qualitäten kann man daher keine guten Zukunftsperspektiven mehr ausstellen. IQ wirkt einfach eng, ärmlich und überholt im Vergleich zu WeQ. Die Orientierung an Wir-Qualitäten überholt derzeit alles und macht alles neu.

WeQ ist also, genau besehen, tatsächlich mehr als ein Megatrend und selbst mehr als ein neuer Kondratjew-Zyklus. Im Windschatten der bisher vor allem technologisch geprägten Veränderungszyklen trat eine neue Qualität von Veränderung hervor: Der Zugang zu Wissen, zum kommunikativen Austausch, zu neuen kollaborativen Formen des Arbeitens, zur Finanzierung von Kooperationen und zu vielem mehr veränderte sich.

Dieser Zugang war nicht länger wenigen vorbehalten, sondern öffnete sich immer leichter und immer weiter für immer mehr.

Kollaborative Vorgehensweisen und Qualitäten begannen an Bedeutung zu gewinnen. Vieles ist für Einzelgänge und Einzelleistungen zu komplex geworden. Selbst Innovationen verdanken sich immer mehr Team- statt individuellen Leistungen.

Das Internet und viele weitere Neuerungen des digitalen Zeitalters gaben dieser Entwicklung einen erheblichen Schub. Kommunikation, Interaktion und Kollaboration in einem solchen Ausmaß und in einer solchen Geschwindigkeit waren nie zuvor möglich gewesen. Damit erreichte die *Qualität von Kommunikation, Interaktion und Kollaboration* eine alles überragende Bedeutung für den weiteren menschlichen Fortschritt. Wir stehen am Anfang eines WeQ-Zeitalters und einer WeQ-Revolution. WeQ wird zur Qualität unserer Zukunft.

Um kein Missverständnis aufkommen zu lassen: Etwas muss nicht in allen Punkten neu *sein*, um alles neu zu *machen*. Die Zahlen 0 und 1 waren nicht neu, aber die Fokussierung auf diese beiden Zahlen machte das digitale Zeitalter möglich. Wir-Qualitäten sind keineswegs per se neu. Aber die Einsicht in ihren Charme und ihr Potenzial, Chancen zu eröffnen, stößt die Tore zu einer neuen, faszinierenden WeQ-Welt auf. Auch haben die Entdecker des Megatrendprinzips, wie beispielsweise Matthias Horx, nie behauptet, dass dessen Hauptmerkmal *das Neue* an sich sei, sondern der substanziell neue *Stellenwert*, den dessen Inhalt im gesellschaftlichen Leben erfährt. Nicht das *Phänomen* der Globalisierung war neu am Megatrend Globalisierung, sondern dessen heute alle Lebensbereiche durchdringende *Veränderungsdynamik*. Das gilt analog für jeden Megatrend. Gemeinsame Merkmale von Megatrends sind ihre Universalität, ihre Stetigkeit und Nachhaltigkeit, auch wenn sich diese erst über mehrere Schleifen durchsetzen, ihre Robustheit, ihr Wurzeltrieb und letztendlich ihre Globalität.

Ein kleiner Rundflug durch die WeQ-Welt

Lexika sind kondensiertes Weltwissen, so wichtig und fundamental, dass Brockhaus & Co. die erhabensten Wissenstempel aller vorherigen Zeitalter darstellten. Brockhaus wurde inzwischen final abgewickelt. Dies steht symbolisch für »das Ende des Brockhaus-Zeitalters«, wie Ulrich Weinberg in seinem Buch »Network Thinking« über das Netzwerk- beziehungsweise WeQ-Zeitalter apostrophierte. Das Brockhaus-Zeitalter wurde vom *Wikipedia-Zeitalter* abgelöst. Die neue Weltenzyklopädie Wikipedia wird täglich verbessert und fortgeschrieben durch Tausende Freiwillige und Ehrenamtliche, die der traditionellen elitären Intelligenz die Macht über das Weltwissen entrissen und kollektiver und demokratischer Intelligenz zugeführt haben. *Wikipedia steht für die WeQ-Revolution der Wissenswelt* und ist damit nur eine von vielen Variationen von WeQ, von angewandten Wir-Qualitäten und deren Wirkungen im Universum kollektiven Wissensmanagements. Die jüngere Schwester *Wikidata* macht sich derzeit auf den Weg, der weltweit führende Wissensdatenbankensystemansatz zu werden – und führende traditionelle Wissensdatenbankensysteme wie jenes vom Fraunhofer-Institut wechseln zur technologischen Kollektivleistung von Wiki, weil es die Qualität der besten Expertenteams übertrifft.

Eine weitere WeQ-Revolution ist *Co-Laboration,* die freie Zusammenstellung von Teams aus Menschen, die irgendwo in der Welt leben und sich zur gemeinsamen Bewältigung eines zeitlich befristeten Projekts oder zum Start eines Unternehmens zusammenfinden, sich anschließend aber wieder neue Projekte und Co-Laboration-Teams suchen. Der weltweite Trend stärkt sowohl die Wir-Qualitäten, die für eine gute Kollaboration entfaltet werden müssen, als auch die individuellen Qualitäten der beteiligten Individuen. Er steigert die gesamtheitliche Qualität und die Geschwindigkeit der Entwicklung von Neuem und reduziert in der Regel dabei auch noch die Kosten, teilweise drastisch. Durch Co-Laboration werden die Horizonte erweitert, die Lernkurven erhöht, Netzwerke ausgebaut, Kompetenzen und nicht zuletzt die Unabhängigkeit aller Akteure in den vielfach grenzüberschreitenden »Laboratories« verstärkt. *Co-Laboration ist die WeQ-Revolution der Arbeitswelt.* Immer mehr Unternehmen werden gegründet, die eine radikal neue Kultur der Co-Laboration leben und weiterentwickeln. Die 30 Gründer von Dark Horse Innovation, einer Berliner Agentur für Innovationsentwicklung und -begleitung, zeigten mit dem Titel ihres 2015 erschienenen Buches »Thank God It's Monday«, dass bei ihnen die traditionelle Arbeitshaltung einer unbändigen Lust zum kooperativen Anpacken gewichen ist.

Gemeinsam geschaffene Gemeingüter

Innerhalb des Trends zur Co-Laboration wächst eine weitere WeQ-Motivation: Warum sollten besonders zentrale Innovationen Eigentum und Machtinstrument von wenigen sein? Warum nicht freies Eigentum und Instrument aller sowie Ergebnis der gemeinsamen Weiterentwicklung durch alle? Content-Management-Systeme zur Gestaltung von Homepages hätten ebenfalls (wie so viele andere Softwareprodukte) zu Gelddruckmaschinen von Microsoft, Google, Facebook und Co. werden können. Hier jedoch »gewannen« sogenannte *Open-Source*-Produkte wie Typo3, Drupal und WordPress, die von Experten in globaler Zusammenarbeit kostenfrei entwickelt wurden und permanent weiterentwickelt werden, den Wettbewerb gegen kommerzielle Anbieter.

Wo Open-Source-Produkte bereits Teil der Wirtschaft sind, haben sie dieser keineswegs geschadet, sondern wirkten im Gegenteil als Entwicklungsbeschleuniger. Dennoch ändert Open Source letztlich nichts weniger als unseren Eigentumsbegriff und damit auch bestehende Eigentumsverhältnisse. Open Source ermöglicht einen breiteren Zugang zu Entwicklungsbeschleunigern und damit zu breiterem Wohlstand. Open Source ersetzt – Produkt für Produkt – Eigentum durch etwas, für das es noch keinen trefflichen Begriff gibt. »Gemeingut« trifft es nicht wirklich, und »*Wirk*entum« wirkt zu gekünstelt. Während Eigentum jedenfalls Zugangsrechte individualisiert, macht Open Source diese für alle kostenfrei, wir-orientiert und wirkungsorientiert zugunsten der Entwicklungspotenziale *aller* Menschen und *aller* Unternehmen zugänglich.

Die Open-Source-Bewegung erobert mit ihren kostenfreien Angeboten immer neue Themenfelder. Private Initiativen der Co-Laboration springen inzwischen sogar dem Staat bei der Bereitstellung von Gemeingütern bei. So revolutionierte beispielsweise Salman Khan mit seiner Online-Learning-Plattform khanacademy.org die Welt des Lernens. Über dieses und weitere Nachahmerprojekte und -konzepte (z. B. »MOOC«, Massive Open Online Courses) kann jeder jederzeit jedes schulische, universitäre und bald auch berufliche Wissensfeld überall und stets kostenfrei oder zu einem Bruchteil bisheriger Kosten in höchst professioneller und pädagogischer Weise nutzen. Dies ist die Voraussetzung zur Verwirklichung des Menschheitstraums einer besten Bildung für alle. Und das nahezu zum Nulltarif: die *WeQ-Revolution der Wissensaneignung.*

Der Aufwand für das Verständnis und das Beherrschen neuer Inhalte reduziert sich auf weniger als die Hälfte der Zeit, die heutiges Schullernen benötigt, wie Salman Khan mit dem Verweis auf unterschiedliche Studien belegt. Gleichzeitig leistet seine Plattform bei den Übungen zu vielen Wissensgebieten sofort Rückmeldung, welche Lektionen wohl noch zu wenig verstanden wurden und deshalb die Ursache für bestimmte Fehler sind. Auf dieser Basis proklamiert Khan ein weiteres kühnes Bildungsziel als erreichbar: das vollständige Verstehen jeglichen Wissens, das man sich jeweils aneignet. Durch diese Entwicklungen wird der Weg frei für das Lernen gänzlich neuer Kompetenzen für die kreative, erfahrungs- und praxisbezogene Aneignung von Wir-Qualitäten. Bilden diese erst das neue Epizentrum lebenslangen Lernens, erhält erworbenes Wissen qualitativ neue Umsetzungs- und Gestaltungsmöglichkeiten.

Weit über strategischen Konsum hinaus

Ein innovativer Managementansatz und weiterer WeQ-Trend trägt den Namen *Co-Creation*. Die Kunden von Produkten und Unternehmen werden zu kollaborativen Mitentwicklern. Davon können beide Seiten erheblich profitieren, wie Untersuchungen bestätigen. *Co-Creation ist die WeQ-Revolution der Produktentwicklung.* Unternehmen, die diesen Trend verstanden haben, entwickeln bessere Produkte, Dienstleistungen und nicht zuletzt eine bessere Kundenbindung. Ganz nebenbei werden Kunden auch noch zu Mitgestaltern von Wirtschaft, wo immer sie dies möchten und weit über die Wirkungslinien von sogenanntem strategischen Konsum hinaus, also dem selektiven Kauf von nachhaltigen und fairen Produkten. Der Schweizer Handelskonzern Migros schuf dafür mit »Migipedia« gleich eine eigene Dialog- und Innovationsplattform und einen Kundenrat. Produkte, die hieraus hervorgingen, werden in den Migros-Regalen mit dem Sticker »von Kunden entwickelt« ausgezeichnet.

Überall, wo Unternehmen diese soziale Innovation einsetzen, werden ihre Leistungen nicht nur besser, sondern auch ökologisch und sozial nachhaltiger. In Ländern, in denen Discounter dem Wunsch eines Teils ihrer Kunden nachkamen und unfaire Produkte aus ihrem Sortiment entfernten und stattdessen nur fair produzierte und gehandelte anboten, stieg ihr Ansehen, und sie zogen mehr Kunden an als zuvor. So profitierten letztlich alle von einer neuen Haltung.

Innovationsentwicklung befreit
von der Verengung auf Fachexperten

Beim *Design Thinking* kommen mehrere Komponenten der bisher aufgeführten WeQ-Trends zusammen. Design Thinking ist eine Methode zur systematischen Entwicklung von Innovationen. Der Unterschied zur Innovationsgenerierung in traditionellen Labors und Entwicklungsabteilungen lässt sich wie folgt beschreiben: Mit Design Thinking wird die Entwicklung in den entscheidenden Phasen von den zuständigen Experten abgeschnitten und bewusst sehr heterogen zusammengestellten Teams übereignet. Um eine Verengung durch Fachexperten zu vermeiden, stellen die Teams in direkter Zusammenarbeit mit der Zielgruppe, für die etwas entwickelt werden soll, zunächst fest, was deren wirkliche Bedarfe und Wünsche sind. Dann überlegen sich diese gemischten Teams Lösungen, die explizit die Frage der technischen Realisierbarkeit ignorieren. Erst später werden wieder Experten hinzugezogen, um die konsequent bedarfs- und zielgruppenorientierten Lösungen mithilfe ihrer Kompetenz praktisch umzusetzen.

Der gesamte Innovationsprozess ist von Wir-Qualitäten geprägt und macht Design Thinking deshalb zum großen Hoffnungsträger einer neuen Generation von Innovatoren. Zum Beispiel stellt man sich Fragen wie: Müssen bei Innovationsentwicklungen eines Pharmaunternehmens immer Pillen herauskommen? Ist ein medizinischer Brutkasten, der in globalen Armutsregionen zum Einsatz kommen soll, nur als abgespeckte Version von Brutkästen in Industrieländern vorstellbar, oder kann er beispielsweise auch wie ein Rucksack aussehen? Müssen sich Autobauer auf das Bauen von Autos fokussieren, oder können sie auch ganz allgemein »Mobilität« anbieten und verkaufen?

Der Pharmariese Boehringer Ingelheim stellte sich tatsächlich die Frage nach dem Pillenzwang und entschied, die eigene Entwicklungsabteilung systematisch mit Social Innovators aus dem Netzwerk der führenden Organisation von Social Entrepreneurs, Ashoka, zusammenzubringen. Der »Brutkastenrucksack« war tatsächlich die Innovation eines Design-Thinking-Teams, er kostet weniger als ein Prozent des Preises für gängige Brutkästen und passt genau zu den Lebenssituationen in Ländern der Dritten Welt. Die noch vor wenigen Jahren als »verrückt« empfundene Idee des Carsharings ändert derzeit von Grund auf das Denken der Autokonzerne in Richtung »Mobilität«, als neues Produkt, das generiert werden muss. All diese Veränderungen bedeuten letztlich eine Wende zur WeQ-Philosophie. Und noch etwas: *Design Thinking* als Prozess zur Schaffung von radikal Neuem ist durch jeden erlernbar. Es *demokratisiert* somit nicht weniger als *die Entwicklung der Zukunft und repräsentiert die WeQ-Revolution besonders umfassend.*

Innovationsabteilungen ohne radikale WeQ-Wende werden wahrscheinlich nicht mehr allzu lange überleben können. Zudem greifen solche Neuerungen und Potenziale auf Unternehmen als Ganze über und verändern ihre DNA, sprich: die Unternehmenskultur im Unternehmen. Hasso Plattner, Gründer von SAP, erkannte als einer der Ersten die Bedeutung von Design Thinking. Er förderte den Bereich für Design Thinking an der Stanford University und die zweite Design Thinking School an der Universität Potsdam. Er lud die Spitzenkräfte der größten Unternehmen der Welt zu regelmäßigen Design-Thinking-Workshops ein und trug damit entscheidend zum weltweiten Siegeszug der Methodik bei. Und er sorgte schon 2012 dafür, dass sein eigenes Unternehmen eine komplette interne wie externe Neuausrichtung auf die Design-Thinking-Philosophie vornahm. Design Thinking wird gerade zur DNA von SAP.

Hasso Plattner erkannte wohl als erster Europäer, was den Erfolg des Silicon Valley ausmachte: Es war nicht, wie viele bis heute fälschlicherweise meinen, der Vorsprung bei der digitalen Revolution. Hier war Deutschland eine Zeit lang weltweit führend. IT-Experten im Silicon Valley erkannten in dieser Zeit die Zukunftsbedeutung des Sektors und dachten darüber nach, wie sie sich möglichst schnell an die Weltspitze dieser Bewegung katapultieren könnten. Sie entdeckten die Schlüsselbedeutung der Arbeitskultur von der Innovationsentwicklung bis zur Unternehmensführung. Design Thinking war genau jene Art von sozialer Innovation und von WeQ-Denken, durch die der Prozess der Innovationsentwicklung radikal revolutioniert werden konnte. Darüber hinaus wurden alle traditionellen Management- und Unternehmensführungsdenkweisen infrage gestellt – und verändert:

- von Hierarchie zu Netzwerk und Augenhöhe,
- von Top-down zu Bottom-up,
- von Kontrolle zu Vertrauen,
- von Silodenken zu Offenheit und Interdisziplinarität,
- von Bewertung zu Wertschätzung,
- von Konkurrenz zu Kooperation und
- von Ich-Orientierung zu Wir-Orientierung.

Dies bedeutet nicht, dass alle IT-Start-ups im Silicon Valley, die heute zu den Weltmarktführern zählen, jedes dieser Transformationsmerkmale umsetzte. Aber die Kunde von der *Bedeutung dieser Veränderungen innerhalb der IT-Welt und dann,* dank der digitalen Möglichkeiten, *auch für immer mehr Start-ups und letztlich für alle etablierten Unternehmen*, die den Anschluss an die neuen Herausforderungen halten wollen, verbreitete sich unaufhaltsam über den gesamten Planeten.

Wirtschaftliche und gesellschaftliche Anforderungen kommen zusammen

Viele entscheidende WeQ-Impulse stammen nicht aus der Wirtschaft, sondern aus den Köpfen rebellischer Weltverbesserer, die immer besser lernen, sozialunternehmerisch zu denken und zu handeln. Zunächst erkannten nur wenige kluge Führungskräfte in der Wirtschaft den Wert solcher Impulse. Doch jetzt scheint die Zeit reif zu sein: Wirtschaftsunternehmen und auf gesellschaftliche Verbesserungen hin orientierte zivilgesellschaftliche Akteure sehen sich nicht länger als Antagonisten. Sie lernen gerade, über nur zur Imagepflege praktiziertes Sozialengagement hinauszugehen und über substanzielle Kooperationen nachzudenken, die beiden Seiten und der Gesellschaft insgesamt völlig neue Nutzenoptionen eröffnen.

In den vergangenen Jahren entwickelte sich eine Vielzahl unterschiedlicher, aber in der Stoßrichtung ähnlich gelagerter Konzepte, die auf Wir-Qualitäten im Sinne einer neuartigen Kooperation von Wirtschaft und Zivilgesellschaft Wert legen. Die bedeutendsten sind *Social Entrepreneurship, Social Business,*

Inclusive Business, Social Innovation, Social Impact Infrastructure, Social Finance, Mission-Related Investing. Als Versuch einer begrifflichen Klammer über all diese Initiativen, unternehmerisches und gesellschaftsverbesserndes Denken und Wirken klug zu verknüpfen, schlugen wir den Begriff *Social Impact Business* vor. Jeder unterschiedliche Ansatz konnte in den letzten Jahren steilen, weltweiten Erfolg verzeichnen.

Die Idee des *Social Business* verkündete Muhammad Yunus unmittelbar bei der Vergabe des Friedensnobelpreises im Jahr 2006. Bis dahin hatte er unter anderem mit seiner Grameen Bank, mit Grameen Shakti und Grameen Phone bereits mehrere weltverändernde Erfolgsmodelle von Social Business ins Leben gerufen – besondere Unternehmen, deren einziger Zweck die selbsttragende Lösung von gesellschaftlichen Problemen ist. Die Grameen Bank löste eine globale Gründungswelle von Kleinkreditorganisationen aus, die bereits mehr als einer halben Milliarde Menschen den Zugang zu Kleinkrediten ermöglichte und damit den Einstieg in selbstständiges unternehmerisches Wirken. Grameen Shakti hat inzwischen allein in Bangladesch mehr als zwei Millionen Solaranlagen in Armutshaushalten installiert, die mehr als 15 Millionen Menschen mit Energie versorgen. Grameen Shakti stellte damit weltweit ein funktionierendes Modell zur Verfügung, um die Armutsmärkte für Solartechnologie zu erschließen und mit diesem Energiezugang den Ausstieg aus weltweiten Armutskreisläufen erheblich zu beschleunigen. Das Besondere: Die Finanzierung erfolgt über Kredite, die monatlich allein dadurch abgetragen werden, dass die Besitzer der Solar-Home-Systeme lediglich genau den Betrag zurückzahlen, den sie bisher für nicht erneuerbare und zumeist sehr schmutzige Energieformen ausgegeben haben. Die Anlage bezahlt sich also ohne jegliche Zusatzbelastung, und die Energie fließt danach kostenfrei. Innerhalb Bangladeschs wurden mit Nachahmerprojekten insgesamt vier bis fünf Millionen Solar-Home Systeme installiert, die 35 bis 40 Millionen Menschen versorgen, also annähernd ein Viertel der Gesamtbevölkerung des Landes. Kein Land der Welt hat mehr Solaranlagen als ausgerechnet Bangladesch. Grameen Phone setzte als erstes Unternehmen für Mobilfunktechnologie auf die Armutsmärkte und ist heute das größte Unternehmen überhaupt in Bangladesch. Mobilfunkzugang hat sich inzwischen weltweit als wirkungsvollster Weg aus der Armut erwiesen, nicht nur, weil darüber wertvolle Informationen und kostbares Wissen für die Ärmsten und Schwächsten unmittelbar zugänglich werden. Es entstehen auch immer mehr Geschäftsmodelle, in die sie vergleichsweise leicht und einkommensfördernd einsteigen können. Seit 2006 entstanden viele andere ähnlich wirksame Social Businesses in Kooperationen mit internationalen Unternehmen und großen Social-Business-Fonds. Allein aus dem Grameen-Danone-Fonds werden aktuell mehr als 50 internationale Social Businesses mit einem Volumen von 270 Millionen Euro gefördert.

Ein globales Ökosystem für soziale Innovationen

Den Begriff *Social Entrepreneur* prägte Bill Drayton, der sich vorgenommen hatte, besondere Innovatoren für die Lösung gesellschaftlicher Probleme weltweit zu identifizieren und sie bei der möglichst breitflächigen Ausweitung und Weiterentwicklung ihrer Lösungskonzepte zu unterstützen. Seine Organisation Ashoka identifizierte unter anderem Muhammad Yunus und Jimmy Wales, den Gründer von Wikipedia, als Social Entrepreneurs, lange bevor diese Weltbedeutung erlangten. Inzwischen erkannte und förderte Ashoka weitere rund 4.000 Pioniere von besonders potenzialreichen *Social Innovations*. Eine Studie von McKinsey aus dem Jahr 2014 kam zu dem Ergebnis, dass allein die Social Innovations der Ashoka Fellows bis dahin bereits mehr als ein Prozent des Welt-BIP ausmachten, und eine weitere McKinsey-Studie von 2019 kam für die nur 72 in Deutschland agierenden Ashoka Fellows zu einem volkswirtschaftlichen Effekt von 18 Milliarden Euro im Jahr. Nicht mitgerechnet sind dabei die Effekte der weiteren auf 1.700 geschätzten sozialinnovativen Projekte und Unternehmen in Deutschland.

Um Ashoka herum bildete sich eine rasant wachsende Infrastruktur der Förderung, die die Organisation vor allem in ihrer Kommunikation, Finanzierung und Nachwuchsbildung unterstützt. *Social Impact Hubs* und *Social Impact Labs* schießen als neue Brutstätten für Sozialinnovatoren aus dem Boden, und Universitäten richten weltweit Lehrstühle und Forschungsstätten für Social Innovation und Social Impact Business ein.

Immer mehr Menschen mit geringem bis sehr großem Vermögen entdecken sich plötzlich als *Social Investors*, und immer mehr Staaten, die EU und 2013 der G8-Gipfel, initiieren *Social-Finance*-Projekte und -Fonds. Eines dieser neuen Finanzierungsformate, *Social Impact Bonds*, verwandelt staatliche und kommunale Sozialstaatsorganisatoren und -financiers in soziale Investoren für weit effektivere oder effizientere Social Innovations: Private Investoren bieten dem Staat an, die pilothafte Vorfinanzierung für soziale Innovationen zu übernehmen, die staatliche Aufgaben betreffen und an deren starken Impact sie glauben. Der Staat zahlt diese Vorfinanzierung nur dann an die Investoren eines Social Impact Bonds zurück, wenn die vereinbarten Ergebnisse auch alle eingetreten sind. Dadurch kommen systemisch wertvolle soziale Innovationen schneller zur breiten Umsetzung, und der Staat braucht erst dann deren Finanzierung zu übernehmen, wenn sich der Effekt unbestreitbar erwiesen hat.

Social Innovations als zukunftsentscheidende Innovationssäule

Die Erkenntnis greift um sich, dass Social Innovations neben technischen und Business Model Innovations zur dritten großen Innovationssäule werden müssen und dementsprechend (aus staatlichen und sonstigen Töpfen) gefördert gehören. Unsere 2011 artikulierte und seinerzeit als absurd eingestufte Empfehlung an diverse Bundesministerien, die Förderung von sozialen Innovationen in wenigen Jahren um den Faktor 100 zu erhöhen, erhob das Bundesministerium für Forschung und Bildung nur zwei Jahre später selbst zum Motto einer jährlichen Thinktank-Konferenz mit den großen deutschen Forschungseinrichtungen. Und noch einmal zwei Jahre später, 2015, sprach die Bundeskanzlerin von der gleichrangigen Bedeutung von technologischen und sozialen Innovationen. Die Europäische Union war hier noch schneller und etablierte schon 2011 eine umfassende Social Business Initiative.

Ein Schlüsselbegriff für die Bedeutung sozialer Innovationen in der Wirtschaft ist *Inclusive Business*. Der Begriff geht zurück auf den bekanntesten Innovationsökonomen C. K. Prahalad, der die These vertritt, dass das Überleben vor allem großer internationaler Unternehmen davon abhängt, wie innovativ und nachhaltig sie in der Lage sind, gesellschaftliche Herausforderungen zu lösen. Das Konzept: Ökologische und soziale Ziele dürfen für Unternehmen nicht länger nur PR-Maßnahmen sein, sondern müssen die Quelle neuer funktionierender Geschäftsmodelle werden.

Hierzu zwei Beispiele: Cisco Systems entwickelte seine Ausdehnung in die neuen Märkte der Schwellen- und Entwicklungsländer nicht als klassische Marketingstrategie, sondern in der konsequenten Ausrichtung auf eine möglichst effiziente gesellschaftliche Lösung der drohenden digitalen Kluft zwischen armen und reichen Ländern. Ihr Weg dazu: Sie etablierten mit der Cisco Network Academy die erste Online-Learning-Akademie für den weltweit kostenlosen Zugang zu IT-Technologie. Dadurch ermöglichten sie Nachwuchskräften in den globalen Armutsregionen den schnellstmöglichen, wirksamsten, günstigsten und nachhaltigsten Zugang zu den neuen IT-Möglichkeiten. Die Cisco Network Academy wurde in kürzester Zeit zur größten Online-Learning-Plattform der Welt und zu einem Beispiel, an dem sich viele andere Online-Learning-Angebote ausrichteten. An ihr erwerben heute jedes Jahr eine Million Menschen vor allem in Schwellen- und Entwicklungsländern wertvolle Abschlüsse als IT-Spezialisten. Keine sonstige Maßnahme von Staaten oder internationalen Organisationen erreichte eine auch nur annähernd vergleichbare Wirkung gegen die um die Jahrtausendwende noch so sehr angeprangerte »digitale Kluft« in der Welt. Und keine Maßnahme half einem Unternehmen in diesem Sektor wirkungsvoller und nachhaltiger, die Nachfrage nach seinen Leistungen weltweit wachsen zu lassen.

Ein Viertel der Allianz-Kunden sind heute Kleinversicherungsnehmer in den Armutsmärkten Asiens und Afrikas mit einem grundlegend anderen Ansatz als in deren traditionellen Märkten mit ihren traditionellen Geschäftsmodellen. Die Allianz versichert dort vor allem gegen Ernteausfälle, die Hauptursache für die immer wieder neue Zerstörung der Lebensgrundlage von armen Bauern in der Welt.

Inclusive Business ist jedoch keineswegs auf Dritte-Welt-Themen begrenzt, auch wenn dort sowohl die größten Entwicklungsbedarfe wie auch die attraktivsten Zukunftsmärkte liegen. Einige Experten meinen, die Weltklimaproblematik sei durch konkrete Inclusive-Business-Ansätze weitaus schneller, kostengünstiger und nachhaltiger zu lösen als durch die heutigen Ansätze der Politik – auf nationaler Ebene und erst recht auf der äußerst zähflüssigen Ebene internationaler Entscheidungsprozesse. Inclusive Business kann mit seinen neuen und überraschenden Potenzialen zu einer weitreichenden Innovationswelle führen. Akteure und Planer aus Politik, Wirtschaft und Zivilgesellschaft sollten dafür die Wir-Qualitäten einer neuen Generation von Zusammenarbeit lernen, um ihre jeweils eigenen Zukunftsherausforderungen besser meistern zu können. Die WeQ-Philosophie bietet für dieses Lernen die richtigen und notwendigen Handlungsbeispiele.

Bildungsinnovationen
für eine lebenslange Lernlust

Der Megatrend WeQ wird sich nicht durchsetzen, wenn er nicht auch die Dimension lebenslangen Lernens und damit all unsere Bildungssysteme durchdringt. Aus dem unmittelbaren Umfeld des WeQ Institute haben der Hirnforscher Gerald Hüther und der Unternehmer Peter M. Endres in ihrem Buch »Lernlust – Worauf es im Leben wirklich ankommt« bereits 2014 lebenspraktisch deutlich gemacht, welche Werte im Zentrum eines neuen, WeQ-getragenen Lernens stehen müssen und welche Haltungen als wesentliche Ergebnisse von Bildung und Lernen entsprechend gefördert werden sollten: Beziehungsfähigkeit, Gemeinsinn, Hingabe, Leidenschaft, Verantwortungsgefühl, Engagement, Eigensinn, Beharrlichkeit, Offenheit, Ehrlichkeit, Entdeckerfreude, Gestaltungslust, Achtsamkeit, Umsicht, Selbsterkenntnis und Selbststeuerung. All dies sind Wir-Qualitäten, nur einen kleinen Teil davon könnte man auch in einer Liste von Ich-Qualitäten finden. Bevor Gerald Hüther den Begriff des WeQ kennenlernte, entwickelte er bereits jenen der *Potenzialentfaltung* mit nahezu gleicher Bedeutung.

IQ ist nicht schlecht oder falsch, nur ist WeQ einfach viel mehr als IQ. Eine IQ-orientierte Bildung basiert auf einem wesentlich kleineren Spektrum an Haltungen und Qualitäten. Durch die deutliche Aufweitung werden die kognitiven Fähigkeiten erheblich besser entwickelt, weil man bei teamorientiertem Lernen die Lernerfahrungen und Qualitäten der Teammitglieder viel besser für seine eigenen Lernkurven mitnutzen kann als bei einseitig individualisiertem Konkurrenzlernen.

Wir-Qualitäten wie Verantwortungsgefühl, Engagement oder kooperative Gestaltungslust schaffen einen wesentlich stärkeren lebenspraktischen Bezug für alle Lernprozesse und fördern die eigenen Umsetzungskompetenzen. Hüther und Endres sagen, heute komme es weit mehr darauf an, was man kann, als was man weiß. Unternehmen wie die Deutsche Bahn, Google und SAP suchen ihre neuen Mitarbeiter nicht länger nach deren Noten aus, weil Noten vor allem aus Bulimielernen beziehungsweise Paukleistungen resultieren und viel zu wenig über wirkliches Können aussagen. Sie und andere entwickelten daher ihre ganz eigenen, auf Können ausgerichteten Leistungserkennungskonzepte. Ein lebensnahes und erfahrungsgetragenes Lernen stärkt die persönliche und gesellschaftliche Brauchbarkeit von allem Gelernten, das Erlebnis der Selbstwirksamkeit und damit auch die Begeisterung für lebenslanges Lernen. *Das Erlernen von Wir-Qualitäten ist somit das Herz der WeQ-Revolution*, weil sie jeden Menschen mit den zentralen Fähigkeiten ausstatten, die er in diesem neuen Zeitalter braucht.

Ein Beispiel, wie Schule im WeQ-Modus ganz konkret aussehen kann, liefert die Evangelische Schule Berlin-Zentrum, die von Deutschlands bekanntester Bildungsinnovatorin Margret Rasfeld aufgebaut wurde. Dort gibt es Lernbüros, in denen Schülerinnen und Schüler eigenverantwortlich, voneinander und in Teams miteinander lernen. Der Lehrer ist hier nicht Wissensvermittler, sondern persönlicher Lerncoach. Der gesamte Lernprozess wird lernlustgetriebener und effizienter, denn jeder lernt in dem für ihn optimalen Tempo. Wenn er mit Mathe schneller ist als der Durchschnitt, hat er mehr Zeit für ein für ihn schwierigeres Fach. Die Ergebnisse sind deutlich besser und vor allem vielfältiger als an »normalen« Schulen. Die Schüler lernen vor allem praktischer und handlungs- und gestaltungsorientierter. So gibt es beispielsweise Fächer wie »Verantwortung« oder »Herausforderung«, in denen sie einen ersten Roman schreiben, eine Band gründen, Korsika durchwandern oder in einem Projekt in Indien mitarbeiten. Die Schüler sind so begeistert von ihrer Schule, dass sie – die Schüler – Lehrerfortbildungen für Lehrkräfte anderer Schulen anbieten, an denen bereits mehr als 20.000 Lehrer aus dem gesamten deutschsprachigen Raum teilgenommen haben. Die Initiative »Schule im Aufbruch« begleitet Schulen dabei, einen solchen Wandel auch bei sich zu vollziehen.

Bildung im WeQ-Modus verändert auch Erwachsenenbildung radikal. Wie radikal, illustriert das Women's Empowerment Program, das 1999 bis 2002 in Nepal mit 125.000 Frauen durchgeführt wurde, die zum größten Teil Analphabetinnen waren und zu den Ärmsten im Lande zählten. Im Train-the-Trainer-Modus – eine erste Gruppe Einheimischer erlernt die entsprechenden Kompetenzen und vermittelt diese dann jeweils an andere im Dorf oder Umland weiter – lernten sie mit Trainingsmodulen erstens Lesen, Schreiben und Rechnen mit fast 100-prozentigem Erfolg sowie zweitens Projektmanagement, wodurch sie in die Lage versetzt wurden, innerhalb von drei Jahren mehr als 50.000 eigene soziale Projekte zu den von ihnen selbst identifizierten Bedarfen zu organisieren. Drittens lernten sie, wie man sich selbstständig macht – mit dem Ergebnis, dass 86.000 Frauen den Schritt in die Selbstständigkeit wagten. Viertens erfuhren sie, wie man eigene Dorfbanken nach dem Raiffeisen-Prinzip aufbaut, also auf der Grundlage eigenen

Sparens, mit dem Ergebnis von mehr als 1.000 Dorfbankgründungen. Und fünftens, welche Rechte man laut Gesetz hat und wie man diese wahrnehmen kann. Nach drei Jahren hatte sich das Einkommen der betroffenen Familien verachtfacht, und die Frauen trugen die erworbenen Kompetenzen in einer Art selbstorganisiertem Volkshochschulsystem systematisch weiter. Selbstverständlich schickten alle Frauen nach ihrer eigenen positiven Erfahrung mit dem höchst lebenspraktischen Wert solchen Lernens ihre Kinder in die Schule.

Vom Ansatz einer solchen informellen, nach einmaligem Anschub komplett sich selbst tragenden Empowerment School kann die ganze Welt profitieren. Eine riesige Region lernte durch entsprechend aufbereitete Trainingsprogramme in drei Jahren, Aufbau und Betrieb der wichtigsten Infrastruktureinrichtungen in die eigene Hand zu nehmen: die grundlegende Bildung samt systematischer Weitergabe dieser Bildung, das unternehmerische Denken und Handeln, ein eigenes und selbst gesteuertes Finanzierungssystem sowie den Aufbau aller notwendigen sozialen Leistungen. So kann Bildung im WeQ-Modus überall konzipiert und umgesetzt werden, für jede Zielgruppe und in jedem Land der Welt, natürlich auch in den Industrieländern.

WeQ-DNA und WeQ-Tests

WeQ ist die DNA eines weiteren Quantensprungs zur Entfaltung der menschlichen Fähigkeiten. Mit WeQ-Orientierung lernen wir, in jedem Menschen ein Bergwerk zu entdecken, reich an Edelsteinen von unschätzbarem Wert. Die Menschheit steht erst am Anfang ihrer potenziellen Entfaltung. Würde man Tests mit zwei Vergleichsgruppen durchführen, wobei die eine in ihrer Ausbildung, an ihrem Arbeitsplatz und in ihrer persönlichen Lebensgestaltung noch weitgehend nach dem IQ-Modus lebt und die zweite bereits ziemlich deutlich nach dem WeQ-Modus, wären wir vermutlich sehr erstaunt über die eklatanten Unterschiede, was die Lebensführung und die Lebenszufriedenheit angeht. Wir sollten IQ-Tests schleunigst vergessen und stattdessen WeQ-Tests entwickeln, mit denen wir den Entwicklungsstand bei der Herausbildung der Wir-Qualitäten feststellen. Inzwischen arbeiten wir mit mehreren Einrichtungen an solchen WeQ-Checks und WeQ-Tests. Im März 2019 erschien der erste WeQ-Kurzcheck für Organisationen (von Birgit Hüger, Johannes Hüger, Anja Marxer von xpand und Peter Spiegel).

Der WeQ-Paradigmenwechsel gelingt nur mit dem Paradigmenwechsel zum Open System Thinking

Der WeQ-Paradigmenwechsel findet zwar offensichtlich statt, aber ist damit auch sein Gelingen gesichert? Ein Gelingen im Sinne eines gesamtgesellschaftlichen und gesamtkulturellen Durchbruchs zu einem durchdringend neuen Grundverständnis von Ökonomie, Bildung, Zusammenleben, Politik und so weiter?

Ein kurzer Blick auf die unterschiedliche Nutzung der skizzierten Sprunginnovationen zeigt deren Potenzial für zwei gegensätzliche Richtungen. Design Thinking wird eingesetzt für die Entwicklung von hundertfach kostengünstigeren, rucksackähnlichen Inkubatoren für das Überleben von zu früh Geborenen in den Armutsregionen der Welt – aber auch für ständig neue IT-Entwicklungen, die die großen IT-Konzerne zu faktischen Weltmonopolisten machen und so keineswegs im Sinne des WeQ-Denkens wirtschaften. Diese Liste der Doppelpotenzialität lässt sich buchfüllend fortsetzen. Für unsere Zwecke reicht jedoch die Feststellung, dass es noch eines weiteren Momentums bedarf, um mit dem WeQ-Paradigmenwechsel gesamtsystemisch wünschenswerte Effekte zu erzielen.

Er muss dafür innigst mit einer bestimmten Qualität von systemischem Paradigmenwechsel verknüpft sein beziehungsweise verknüpft werden. Dieser Paradigmenwechsel ist nach unserer Überzeugung am besten und tiefgreifendsten von Kambiz Poostchi in seinem Buch »Der Sinn für das Ganze. Von der fragmentierten Gegenwart zur systemischen Zukunft« beschrieben worden. Er gab seinem Ansatz den Namen »*Open System Model*«. Wir haben uns dazu entschieden, die Arbeit des WeQ Institute eng mit dem Open System Model zu verbinden. Konkret heißt das: intensiv auf die Notwendigkeit zu verweisen, das Verständnis und die Kompetenz zu erwerben, *beides* – Wir-Qualitäten und das Open System Model – im eigenen Wirken anzuwenden.

Zu der Frage, ob der WeQ-Paradigmenwechsel sowie allgemein der gegenwärtige Zustand der Welt für jeden Menschen am Ende Segen oder Unheil bringen wird, führt Kambiz Poostchi diese Metapher an: »Wird ein Ei von außen aufgebrochen, ist dies ein Zeichen von Zerstörung und Tod. Bricht es jedoch von innen auf, so ist dies das Signal für neues Leben und Wachstum.« Alle angeführten WeQ-Trends wie auch viele weitere eröffnen unvorstellbare neue Potenziale für alle Menschen, alle menschlichen Organisationen, alle menschlichen Strukturen und alle Systeme, in denen wir Menschen leben. Wie gut und wie weit diese Potenziale ausgeschöpft werden, hängt davon ab, mit welchem systemischen Bewusstsein wir sie gestalten. Wir brauchen ein Bewusstsein für Wir-Qualitäten *und* ein Open-System-Bewusstsein, damit das Ei mit den bis heute ausgebrüteten Potenzialen für uns alle von innen aufgebrochen wird.

Was meint Poostchi mit Open-System-Bewusstsein und Open-System-Paradigmenwechsel? Er unterscheidet drei Dimensionen von systemischem Denken jenseits von ich-bezogenem, fragmentiertem, also IQ-Denken.

Das *Systemdenken erster Ordnung* ist »*vernetztes Denken*«. Es ist getragen von der Erkenntnis, dass alles mit allem verbunden ist. Daher vernetzt man sich noch besser und zieht seine Identität aus seinem »Networking« und seinen Beziehungen. »Dieser vernetzte Ansatz nach dem Prinzip der Allverbundenheit ist mit dem Potenzial ausgestattet, Querverbindungen und Interdependenzen zu erkennen und daraus Lösungen zu kreieren, die Antwort auf vielfältige Fragen zugleich sein können, ebenso Möglichkeiten zu entdecken, simultane Problemlösungen anzubieten. Es eröffnet eine neue Sicht auf völlig neue Zusammenhänge und Entwicklungschancen in vielen Bereichen … Das menschliche Bewusstsein verlässt damit die einengende Ebene des Egos und macht Erfahrungen, dass man im Zusammenwirken erfolgreicher wird«, schreibt Poostchi. Doch: »Eher ernüchternd dürfte es sein, dass mit der Annahme des vernetzten Denkansatzes nicht auch automatisch eine Abkehr vom mechanistischen Denkmodell verbunden ist. Man kann auch weiterhin den Menschen und die Welt mit komplexen Maschinen und Uhrwerken vergleichen, nur dass man sich nun mehr um die Verbindungselemente bemüht.« Am Beispiel von Beziehungen wird jedoch deutlich: »Man tritt in eine solche ein und steigt wieder aus, wenn es nicht funktioniert. Die Fähigkeit jedoch, an Beziehungen und deren Qualität zu arbeiten und für deren Reifungsprozess Verantwortung zu übernehmen, fehlt.« Das gilt nicht nur für persönliche Beziehungen, sondern auch für Arbeitsverhältnisse, sodass hier teilweise sogar »Hire and Fire« praktiziert wird, und zwar nicht nur im Beispiel Silicon Valley.

Mit dem *Systemdenken zweiter Ordnung* meint Poostchi *»ganzheitliches Denken«*. Zugrunde liegt hier die Erkenntnis, dass das Ganze mehr ist als die Summe seiner Teile. In diesem Bewusstsein übernimmt man Verantwortung im und für das System und zieht seine Identität aus Gemeinschaft und Zusammengehörigkeit. Joseph O'Conner unternimmt eine Systemdefinition auf dieser zweiten Ebene. Demnach ist ein System »eine Einheit, die als Ganzes existiert und funktioniert, indem ihre Teile zusammenwirken. Ihr Verhalten hängt davon ab, wie die Teile verbunden sind, und nicht so sehr davon, um welche Teile es sich handelt. Um Systeme zu verstehen, benötigt man systemisches Denken, welches das Ganze, die Teile und die Beziehungen der Teile zueinander untersucht.« Poostchi schlussfolgert: »Dieses umfassendere Bewusstsein versetzt Menschen in die Lage, im Rahmen ihrer privaten oder beruflichen Rollen und Aufgaben *innerhalb von Systemen* wie Organisationen, Unternehmen, der Familie oder der Gesellschaft Verantwortung zu übernehmen und ihren Beitrag eigenständig zu leisten. Geht die Forderung jedoch dahin, beispielsweise als Führungskraft Verantwortung *für ein System* und damit für den Kurs eines Unternehmens *in Richtung nachhaltiger Zukunft* zu tragen, reicht dieser Denkansatz nicht aus.« Dies gilt auch für die Neuentwicklung von WeQ-Sprunginnovationen beziehungsweise für die Weiterentwicklung von WeQ-Trends und deren Ökosystemen. »WeQ Changemaker« (so bezeichnet Ashoka die neue Generation von Veränderern im Sinne von Social Innovations und WeQ) oder »WeQ Mover«, wie wir sie nennen, sollten daher die dritte Dimension systemischen Denkens anstreben.

Mit dem *Systemdenken dritter Ordnung* meint Poostchi ein *»Denken in Ebenen«*, und erst hier spricht er von *»Open System Thinking«*: »Systemisches Denken in Ebenen folgt, aufbauend auf dem vernetzten und ganzheitlichen Ansatz, dem der Mehrschichtigkeit von Offenen Systemen. Ein Offenes System leitet seine Identität als Ganzheit (Holon) jedoch nicht aus den zusammenhängenden Subelementen und deren Beziehungsstrukturen ab, sondern aus seiner bedarfsorientierten Funktion, welches es als Bestandteil einer größeren Systementität (Metasystem) einnimmt. Jedes System ist Teil eines größeren Ganzen und wird seinerseits aus Subsystemen zusammengesetzt. Die Identität und Potenziale eines Systems ergeben sich demnach erst aus dessen verbindlicher Zuordnung zum übergeordneten oder umfassenden System.« Das Verstehen von Dingen und Systemen ist nur mit einem Außenblick möglich, mit einem Blick auf das System. Bildlich bedeutet dies den Blick vom All auf die Erde, um das System Erde wirklich in seinen umfassenden Beziehungszusammenhängen und Wechselwirkungen zu verstehen und auch das Wieso des Soseins dieser Zusammenhänge zu erfassen. Weiter meint Poostchi: »Für den Weiterbestand von Systemen ist primär deren Ausgerichtetsein auf das jeweilige umfassende System und deren Systemoffenheit für Informationen und Energiezufuhr aus dieser übergeordneten Ebene Grundvoraussetzung.« So kann nachhaltige Unternehmensführung oder nachhaltig funktionierende Politik heute nur dann gelingen, wenn man »die Menschheit«, »den Planeten« und ihre Anforderungen versteht. An ihnen gilt es sich in seinem jeweiligen Verantwortungsbereich in Politik, Wirtschaft oder Zivilgesellschaft zu orientieren und aus diesem Verstehen Informationen und Energien zu generieren. Erst dadurch leistet man einen wirklich hochgradigen und zugleich sinnstiftenden Beitrag in seinem System und auf allen Systemebenen, die man in den Blick nimmt.

Erst die eigene Öffnung für übergeordnete Systeme im Sinne des Open System Thinking wird den Möglichkeiten und Anforderungen der heutigen technologischen sowie menschlichen und zwischenmenschlichen Potenziale und Perspektiven gerecht. Erst dies ist das WeQ-Denken, das wir meinen und das wir anstreben.

Es ist überfällig, dass WeQ über die bestehenden Inseln hinaus in der gesamten Gesellschaft als Megatrend und grundlegender Paradigmenwechsel unserer Zeit erkannt wird – und dass alle zivilen, unternehmerischen und politischen Rahmenbedingungen an Wir-Qualitäten entlang und auf dem Level von Open System Thinking neu gestaltet werden.

»It's the economy, stupid!«

Wertschöpfung
aus Werte-Schöpfung

Mit dem Wahlkampfslogan »It's the economy, stupid!« gewann Bill Clinton 1992 die US-Präsidentschaftswahlen. Der Spruch wurde legendär, weil der damalige Amtsinhaber Georg Bush (senior) ein Jahr davor noch Zustimmungswerte von 90 Prozent erhalten hatte und Clinton daher als absolut chancenlos galt, ihn nach seiner ersten Amtsperiode abzulösen. In der Regel sind Amtsinhaber in einer klaren Favoritenrolle, erst recht bei Traumzustimmungswerten, wie sie der erste Bush-Präsident mit ins Rennen brachte.

Clintons Slogan meint: »Auf die Wirtschaft kommt es an, Dummkopf!« In einer Zeit, in der Wirtschaftswachstum allgemein noch mit Wohlstandswachstum gleichgesetzt wurde, funktionierte dieser Leitspruch prächtig. Nicht nur in den USA wurden mit dem Versprechen allseitigen Wohlstandszuwachses Wahlen gewonnen.

Bald jedoch stellten immer mehr Bürger fest, dass sich eine Schere auftat: Die Wirtschaft wuchs weiterhin prächtig, aber nicht mehr im Sinne allgemeinen Wohlstandswachstums, sondern nurmehr zum Wohle einzelner Einkommen. Die eigene Lage wurde von vielen zunehmend als prekär empfunden. Bei einer Wahlkampfveranstaltung für seinen Wunschnachfolger John McCain, so wurde kolportiert, soll der damalige Nochpräsident George W. Bush auf die vielen Arbeitsplätze verwiesen haben, die seine Regierung geschaffen habe. Ein Teilnehmer soll darauf ironisch geantwortet haben: »Ja, das kann ich bestätigen, ich habe drei davon!« Der damals noch weitgehend unbekannte Barack Obama setzte hingegen mit seinem Slogan »Yes we can!« auf »Change« dieser als ungerecht empfundenen Zustände. Die erhoffte Wende trat jedoch für zu viele Bürger nicht ein, weshalb eine ausreichend große Menge von ihnen ihre Hoffnungen danach auf das Trump-Versprechen »America first« und »Make America great again« setzten.

Die Lehre aus diesem Kurzabriss wahlentscheidender Versprechen in einem der mächtigsten Länder der Welt: Es geht noch immer sehr zentral um Wirtschaft. Aber wir brauchen ein anderes, ein zukunftsfähiges Wirtschaftsverständnis – für »eine nächste Entwicklungsstufe von Ökonomie, die den Chancen und Herausforderungen des neuen Jahrhunderts gesamtsystemisch nachhaltig, sozial, innovativ und agil gerecht wird und dabei alle mitnimmt auf der Basis eines breiten gesellschaftlichen Konsenses. Eine zukunftsweisende und hochattraktive Wirtschaftsweise, die aufbaut auf den Grundwerten Teilhabe, Empathie, Transparenz, Nachhaltigkeit, gesamtsystemische Verantwortung, individuelle und kollaborative Potenzialentfaltung, Selbstverantwortung und Subsidiarität«. Und dabei auch »Wohlstand« deutlich ganzheitlicher entwickelt, über die rein materielle Ebene hinaus.

So formulierte es die aus dem WeQ-Denken hervorgegangene WeQ Economy Initiative am 3. Dezember 2018 in Berlin, wo sie darlegte, wie ein zukunftsfähig weiterentwickeltes Wirtschaftsverständnis zum Durchbruch gelangen kann und warum es das sollte. Utopie? Ja, insofern alles einmal utopisch schien, was bis zu seiner Umsetzung noch nicht Teil unserer Realität und Geschichte war. Unrealistisch? *Unrealistisch* ist auf alle Fälle ein Weiterwirtschaften, das *nicht* dem Ökosystem und den Menschen zugutekommt und sozial ungerecht ist. Viele Leser werden nach den folgenden Seiten überrascht sein, wie weit die Einigkeit diesbezüglich bereits gediehen ist.

Die Initiatoren von »Economy to WeQ Economy« sind überzeugt, dass der Durchbruch zu einem tief greifend menschlichen und ökosystemgerechten Wirtschaften absolut realistisch ist. Und dass der Zeitpunkt für dessen konkrete Ausgestaltung mit allen damit verbundenen Transformationen in Wirtschaft, Wissenschaft, Zivilgesellschaft und Politik *jetzt* ist. Die meisten Leser werden auch überrascht sein, wie viel Transformation bereits im Gange ist und wer sich hoch motiviert und kreativ daran beteiligt.

Unsere hier erwähnten Ideen und Konzepte oder die von anderen Urhebern, die wir für wertvoll erachten auf dem Weg von der heutigen Economy zu einer zukunftstauglicheren WeQ Economy, sind grundsätzlich unideologisch gemeint. Sie können wertvolle und hilfreiche Anregung bieten, aber sie können sich in offenen Diskussionsprozessen und in der praktischen Umsetzung auch als fehlerhaft und selbst als kontraproduktiv erweisen. Entscheidend ist aus unserer Sicht etwas ganz anderes: Wir engagieren uns dafür, dass sich die Wirtschaft selbst und zusammen *mit* uns allen neu erfindet als »Wirtschaft für den Menschen und im Einklang mit unseren Ökosystemen«.

Diesen Diskussions- und Gestaltungsprozess sollten wir *gesamt-gesellschaftlich* in die Hand nehmen. Er ist zu wichtig, als dass wir ihn delegieren, an wen auch immer. Auf die Wirtschaft wird es auch in Zukunft ankommen. Für Antworten auf die Frage, *welche Art von Wirtschaft für welche Art von Wohlstand und Gesellschaft* wir wollen, was Glück ist und wie es auf der Grundlage welcher Werte und Ordnungsrahmen entstehen kann – dafür kommt es auf *uns* alle an, und zwar gemeinsam.

Zukunft für alle

Wie kommen wir zu einer Wirtschaft mündiger Bürger?

> 〉〉 Dies ist der Beginn einer neuen weltweiten
> Bewegung der Neuerfindung der Welt. 〈〈
>
> Dennis Snower

Die offizielle Wirtschaftsvorkonferenz zum G20-Gipfel im Jahr 2017 wurde mit den Worten eröffnet: »Dies ist der Beginn einer neuen weltweiten Bewegung der Neuerfindung der Welt!« Dennis Snower wollte damit als Leiter den Anspruch und das Ziel des zugleich aus der Taufe gehobenen neuen Konferenzformats »Global Solutions« definieren: eine historische Wende im Grundverständnis von Ökonomie einzuleiten.

Neue Welt-Thinktank-Konferenz fordert von G20 die Wende zu einer globalen ökosozialen Ökonomie

Der Global Solutions Summit erwuchs aus der traditionellen jährlichen T20-Konferenz, die als offizielle Vorkonferenz führender Thinktanks aus den G20-Ländern den jährlichen G20-Gipfel mit insbesondere wirtschaftspolitischen Empfehlungen und Vorschlägen bereichern sollte. Doch Global Solutions sollte nach dem Willen ihrer Initiatoren – zu denen neben dem damaligen Leiter des Kieler Weltwirtschaftsinstituts Dennis Snower auch *Tagesspiegel*-Herausgeber und Konferenzentwickler Sebastian Turner zählte – aus der verengenden Rolle als G20-Vorkonferenz deutlich herauswachsen. Global Solutions sollte zur führenden Thinktank-Konferenz der Welt werden und zu einer Initiative, die sich die Entwicklung und Etablierung eines neuen, zukunftsfähigen Grundverständnisses von Ökonomie auf die Fahnen geschrieben hat. Dies führte unmittelbar zu einer erheblichen Multiplizierung der beteiligten Thinktanks: von zuvor kaum mehr als zwei Dutzend auf mehr als 500.

Die von 321 international führenden Wirtschafts-, Politik-, Nachhaltigkeits- und weiteren Thinktanks erarbeitete Erklärung, die an den G20-Gipfel 2017 übergeben wurde, schlug einen neuen Ton an: »Wir werden nur noch erfolgreich sein, wenn wirtschaftliche Entwicklung die gleichrangige Integration von sozialinklusivem, menschen- und ökosystemorientiertem Denken leistet.«

Das reduktionistische Ökonomieverständnis von »The (only) business of business is business« wurde hier – selbst von lange Zeit sehr einseitig wirtschaftsliberal orientierten Thinktanks – mit einem dramatischen Appell an die Staatschefs der G20-Länder zu Grabe getragen.

Dass dies nicht ein einmaliges Zufallsprodukt war, zeigt der »Global Risk Report«, den der neue Präsident des World Economic Forum, Borge Brede, unmittelbar vor Eröffnung des Davoser Treffens 2019 der internationalen Wirtschafts- und Politikelite vorstellte. Dort heißt es: »Globale Risiken nehmen zu. Gleichzeitig schwächt sich der kollektive Wille, sie zu bekämpfen, deutlich, und die Spaltung nimmt zu … Es gab nie einen dringenderen Bedarf an einem kollaborativen und gemeinsamen Ansatz für globale Probleme, die alle betreffen.« Der Bericht fährt fort: »Dies ist ein Zeitalter beispielloser Möglichkeiten und technologischen Fortschritts, aber für zu viele Menschen ist dies auch ein Zeitalter der Unsicherheit … Die sozialen Verträge, die die Gesellschaft zusammenhalten, fasern aus … Für viele Menschen ist dies eine zunehmend beängstigende Welt, die unglücklich und einsam macht.« Und der Gründer des Weltwirtschaftsforums, Klaus Schwab: »Ohne sozialen Zusammenhalt ist Demokratie nicht lebensfähig.« In seinem kurz darauf erschienenen Buch »Die Zukunft der Vierten Industriellen Revolution« wird er noch deutlicher: »Verpassen wir die Gelegenheit, neue Technologien so zu entwickeln, dass sie dem Gemeinwohl dienen, die Menschenwürde fördern und die Umwelt schützen, (werden) sich die Probleme noch verschärfen.«

Doch zurück zum Global Solutions Summit, der sich anschickt, das World Economic Forum an Relevanz für konkrete Lösungen dieser Herausforderungen zu überholen.

»Young Global Changers« arbeiten an konkreten innovativen Lösungen für globale Herausforderungen

Das WeQ Institute war, gemeinsam mit der HPI School of Design Thinking, dazu eingeladen, bei der Global Solutions Startkonferenz 2017 eine Sonderaufgabe zu übernehmen. Mit Unterstützung des Allianz Stiftungsforums sollte im Allianz Forum am Brandenburger Tor ein eigener Design-Thinking-Tag für 100 ausgewählte »Young Global Changers« aus 100 Ländern ausgerichtet werden. Dort sollten sie Design Thinking als neue, teamorientierte Möglichkeit der Innovationsentwicklung kennenlernen und es auf die Erarbeitung neuer Lösungen für zentrale globale Herausforderungen anwenden. Ulrich Weinberg, Leiter der HPI School of Design Thinking, meinte, nie zuvor habe sich die kreative Kraft von Design Thinking mit derart diversen Zukunftsgestaltern zu so zentralen Zukunftsfragen bewähren können. Umgekehrt fanden die 100 Young Global Changers erst durch diesen Extratag ihren angemessenen Platz im Kreis der über 1.000 internationalen Spitzenteilnehmer beim ersten Global Solutions Summit.

Das WeQ-Team nahm die auf dem Summit beobachtete Reife zugunsten des notwendigen Wandels, den bahnbrechenden Aufruf an die G20-Staatschefs und die Erfahrung mit den 100 Young Global Changers zum Anlass, die eigene Rolle in diesem zukunftsentscheidenden Prozess gründlich zu reflektieren. Seit Langem beobachten wir eine rapide wachsende Zahl von immer kraftvolleren Impulsen und Initiativen für einen solchen Phasensprung von Ökonomie. Und wir sehen uns für eine aktive und konstruktive Mitwirkung in dieser anstehenden Transformation gut vorbereitet.

Aus Ludwig Erhards »Wohlstand für alle« wird heute »Zukunft für alle«

Quasi im Vorlauf zum Global Solutions Summit und zur WeQ Economy Initiative starteten wir Ende 2015 in Zusammenarbeit mit gut einem Dutzend weiterer Organisationen eine Aktion unter dem Motto »Future for all«. Wir stellten unseren jährlichen Vision Summit – die vom WeQ Institute seit 2008 durchgeführte Leitkonferenz für soziale Innovationen – im Jahr 2016 unter das Motto »Future for all – The Power of Social Inclusion«. Wir luden die Teilnehmer des Vision Summit und weitere Impulsgeber dazu ein, ihre Kerngedanken für ein zukunftsgerechtes Ökonomie- und Gesellschaftsverständnis zu artikulieren. Die »Grundsatzerklärung«, in der diese von Franz Alt und mir zusammengeführt werden, erschien im Frühjahr 2017 im Gütersloher Verlagshaus unter dem Titel »Gerechtigkeit – Zukunft für alle«. Bei dieser Aktion ließen wir uns von dem öko-sozial inklusiven Ansatz leiten: »Wir brauchen eine neue überzeugende Leitidee. So wie es die soziale Marktwirtschaft war, die Wohlstand für alle versprach und erstaunlich gut einlöste.« Heute kann es nur um einen »Wohlstand inklusive Frieden mit der Natur, inklusive sinnstiftenden Arbeitens und Lebens, inklusive sozialer Sicherheit und Dynamik, inklusive universeller Teilhabe aller an allen Wohlstandsdimensionen« gehen. Auf den 180 Seiten dieser »Grundsatzerklärung« konnten wir nur skizzenhaft aufzeigen, wie realistisch dies heute ist und mit welchen Mitteln und auf welchen Wegen konkret realisierbar.

Der Part von Franz Alt war, die praktische und erfolgreiche ökosystemgerechte Umgestaltung von Ökonomie und Politik aufzuzeigen. Sein Resümee: Alles dafür notwendige Know-how ist längst vorhanden. Bei ehrlicher Kostenrechnung von nicht nachhaltiger und nachhaltiger Ökonomie ist Letztere bereits nach dem heutigen Technologiestand weit kostengünstiger – und wird mit jedem Jahr unvergleichlich kostengünstiger. Nachhaltigkeit ist nicht nur in bestem Interesse aller Bürger dieser Welt, sondern gerade auch der Wirtschaft, denn nur so hat sie auch künftig Spielräume für neue Entwicklungen.

Meine Aufgabe war es, einige zentrale Aspekte einer konsequent menschenorientierten Umgestaltung von Ökonomie und unserer sozialen und gesellschaftlichen Systeme aufzuzeigen. Mein Resümee: Allein durch die heute bereits entwickelten und prototypisch erprobten sozialen Innovationen und insbesondere Bildungsinnovationen kann sich das menschliche Potenzial in den nächsten Jahrzehnten weltweit um mehr als den Faktor 100 erhöhen. Es existiert nicht der allergeringste Grund für Pessimismus oder gar Ängste, wenn wir uns auf die systematische Entfaltung der vorhandenen Potenziale konzentrieren.

Unser gemeinsames Fazit: Eine sehr viel reichere Welt (vor allem auch in einem sehr viel umfassenderen Sinne von Reichtum) und eine zugleich umfassend nachhaltige Welt ist möglich.

Collaborative Commons und die neue große Zukunft der genossenschaftlichen Idee

Die Aktion »Future for all« war in drei zeitlich parallele und inhaltlich komplementäre Aktionsstränge des WeQ Institute eingebettet, die sich letztlich alle wie von selbst schlüssig zur WeQ Economy Initiative integrierten.

Eine Ereignisfolge nahm ihren Anfang mit Jeremy Rifkins Vortrag beim Vision Summit 2014. Der international führende Ökonom und Zukunftsforscher sprach dort über den aus seiner Sicht tiefgreifendsten Wandel, vor dem die Ökonomie je stand und in dem sich die gesamte Weltwirtschaft als Folge der digitalen Revolution befindet. Er hob dabei insbesondere die Entwicklung immer weiterer Bereiche der Wirtschaft zu einer »Null-Grenzkosten«-Ökonomie hervor. Überall, wo sich durch »die Kombination von digitalen und sozialen Innovationen« (zu denen insbesondere auch genossenschaftliche und genossenschaftsähnliche Wirtschaftsgemeinschaften zählen) eine klassisch kapitalistische Wirtschaftsweise nicht mehr rechnen wird, »wird sich in den nächsten 30 Jahren mehr als die Hälfte der Wirtschaft in eine Sharing Economy verwandeln«.

Rifkin weiter: »Ein neues Wirtschaftssystem – die Collaborative Commons – betritt die ökonomische Weltbühne. Sie sind das erste neue ökonomische Paradigma seit dem Aufkommen von Kapitalismus und Sozialismus im frühen 19. Jahrhundert, das tatsächlich Wurzeln zu fassen vermag. Und sie bringen einen grundlegenden Wandel in der Organisation unseres Wirtschaftslebens, der sowohl die Möglichkeiten einer drastischen Verringerung der Einkommenskluft als auch einer Demokratisierung der Weltwirtschaft und die Chance zum Aufbau einer ökologisch nachhaltigen Gesellschaft in Aussicht stellt ... Collaborative Commons (die Rifkin als »die Genossenschaften des 21. Jahrhunderts« versteht) sind groß im Kommen und werden bis 2050 aller Wahrscheinlichkeit nach so gut wie überall auf der Welt wesentliche Mittler wirtschaftlichen Miteinanders sein.«

Wir luden daraufhin Markus Stegfellner ein, einen der Vordenker für »Genossenschaften 2.0« im deutschsprachigen Raum, diesen Impuls mit uns gemeinsam in Richtung einer großen Renaissance des Genossenschaftsgedankens auszugestalten. Uns kam zugute, dass sich die Genossenschaftswelt 2017/18 gerade in den Vorbereitungen auf den 200. Geburtstag von Friedrich Wilhelm Raiffeisen befand, dem großen Pionier für Genossenschaften, und in ihrer »Westerwälder Erklärung« deklariert: »Dem System des Shareholder-Value stellen wir das Modell des Member-Value gegenüber. In Genossenschaften werden Gewinne nicht an anonyme Investoren ausgeschüttet, sondern im Sinne der Mitglieder in das wirtschaftliche Fundament der Genossenschaft investiert. Wir wollen zu einer Wirtschaftsordnung beitragen, in der viele und nicht nur wenige von Wachstum und wirtschaftlichem Erfolg profitieren … Raiffeisens Geschichte hat gezeigt: Soziale Innovation kommt aus der Mitte der Gesellschaft. Die Zeit dafür ist reif! Auf uns alle kommt es an!«

Markus Stegfellner und Arno Marx, beide Urgesteine der Genossenschaftsidee, ließen sich beim Vision Summit 2016 durch einen dort veranstalteten Design-Thinking-Workshop und durch die »1. Pariser-Platz-Rede« von Muhammad Yunus zu einem Einstiegsprojekt inspirieren. Die Grameen Bank von Yunus ist selbst eine Genossenschaftsbank, und zwar eine, die genossenschaftliche Prinzipien außergewöhnlich innovativ auf die akuten gesellschaftlichen Herausforderungen in ihrem Startland Bangladesch anwendet. Die Idee von Stegfellner und Marx war, Führungskräfte von Genossenschaftsbanken und anderen genossenschaftlichen Einrichtungen mit besonders kreativen sozialen Innovatoren und Sozialunternehmern zusammenzubringen. In einem zunächst zweitägigen Workshop im Design-Thinking-Arbeitsmodus fand dieser dann im Juli 2017 mit rund 60 Teilnehmern in der AXICA in Berlin statt, der Eventlocation der DZ Bank, der Zentralbank aller Genossenschaftsbanken in Deutschland. Die Teilnehmer waren begeistert von diesem Experiment. In acht Teams entwickelten sie insgesamt acht Prototypen für teils völlig neuartige genossenschaftliche Innovationsprojekte. Diese sollten im Anschluss durch die jeweiligen Teams weiterentwickelt und in zwei weiteren zweitägigen Workshops bis zur Umsetzungsreife begleitet werden. Aus diesen Prototypen ging unter anderem die »Economy to WeQ Economy«-Initiative hervor. In diese wiederum konnten weitere der entwickelten Prototypen integriert werden.

Für diesen anfangs als »Genovation« bezeichneten Prozess übernahmen Arno Marx und Markus Stegfellner die Schirmherrschaft und arbeiteten parallel an einem »Manifest für ein neues genossenschaftliches Jahrhundert«. Beide Projekte wurden in der Umsetzung vom WeQ Institute begleitet.

Ein Projektteam des WeQ Institute entschied sich ferner, die Ausarbeitung eines umfassenden Konzepts für die WeQ Economy Initiative anzugehen. Es wurde vom Projektentwickler Benjamin Brockhaus verstärkt, der in seiner Abschlussarbeit für WeQ Economy beispielgebende Unternehmen beschreibt. Brockhaus wiederum baute seine Arbeit auf der Forschung von Maja Göpel, Uwe Schneidewind und anderen auf sowie auf Vorzeigeprojekten des Alternativen Nobelpreises. Das 70-seitige Konzeptpapier für die Initiative »Economy to Weconomy« wurde Ende 2018 veröffentlicht.

Zukunftskompetenzen gemeinsam entwickeln – Teil 1: »EduAction« für die Transformation von Bildung im Sinne von »WeQ – More than IQ«

Ein weiterer 2011 von unserem Institut begonnener Aktivitätsschwerpunkt, dem für die Zukunft der Menschheit insgesamt und ganz im Besonderen für die Zukunft der Wirtschaft eine Schlüsselrolle zukommt, erreichte 2017/18 einen entscheidenden Durchbruch.

2011 erkannten wir, dass die Welt der Bildung vor dem mit Abstand größten Umbruch ihrer Geschichte steht. Der Zugang zu Wissen war seit Beginn der Menschheitsgeschichte der Schlüsselfaktor für die Entwicklung vom einzelnen Menschen bis zu ganzen Kulturen. Seit der ersten industriellen Revolution bis in die jüngste Zeit rückte die Qualität guter Breiten- wie Spitzenbildung immer weiter ins Zentrum als entscheidender Entwicklungsfaktor. Mit der digitalen Revolution löst sich der bisherige Engpass des Wissenszugangs gerade in rasender Geschwindigkeit auf. Wissen ist heute digital für (fast) jeden frei – und zum allergrößten Teil auch kostenlos – zugänglich. Die Einschränkung des »fast« wird sich in sehr kurzer Zeit vollständig auflösen, andere Einschränkungen ebenso.

Andreas Schleicher, als Bildungsdirektor der OECD einer der wichtigsten Bildungsexperten der Welt, beschreibt die Konsequenz daraus: »Die Welt belohnt Menschen nicht mehr für ihr Wissen, sondern für das, was sie damit anfangen können.« Seit der Einführung des PISA-Tests im Jahr 2000 vollzog die OECD eine fundamentale Wende: Anfangs noch sehr auf Wissenskompetenz im engeren Sinne fokussiert, erkennt sie heute *Kompe tenzen* als »die Währung des 21. Jahrhunderts« an, wie es der OECD-Generalsekretär José Angel Gurria formuliert. Während unsere heutigen Bildungssysteme noch nahezu vollständig auf *Wissensvermittlung* (»Knowledge«) ausgerichtet sind und für *Kompetenzerwerb* (»Skills«) sowie *Haltungen und Werte* (»Attitudes and Values«) bestenfalls Platz am Rande vorgesehen ist, sieht die OECD die Zukunft von Bildung, Ausbildung und Fortbildung heute in genau umgekehrter Wertigkeit: Entscheidend ist der Erwerb von zukunftstauglichen Haltungen und Werten, danach folgen die Kompetenzen, mit denen diese kreativ und agil umgesetzt werden können, und erst dann folgt das Wissen, das dank Digitalisierung jederzeit auf dem aktuellsten Stand prinzipiell für jeden vergleichsweise leicht zugänglich ist. Diese Umkehrung gilt für ausnahmslos alle Bildungs- und Fortbildungseinrichtungen, für menschliches Lernen schlechthin.

Entscheidend für diese Revolution der Anforderung an »ZukunftsBildung«, die diesen Namen in ihrer doppelten Bedeutung verdient, ist nicht nur die Tatsache, dass immer bessere Wissensbildungsangebote via Internet die Frage des Zugangs zu Wissen revolutioniert haben. Ein Beispiel von Tausenden: Die Khan Academy vermittelt inzwischen Tausende von Lerneinheiten in jeweils zehn Minuten so gut wie manch andere Lehrer denselben Wissensstoff in einer 45-minütigen Unterrichtsstunde. Noch entscheidender ist das, was der Youtube-Beitrag »Shift Happens« auf den Punkt bringt: »Wie bereiten wir Menschen auf Herausforderungen vor, die gegenwärtig noch gar nicht bestehen, auf die Nutzung von Technologien, die noch gar nicht entwickelt sind, um Probleme zu lösen, von denen wir heute noch nicht wissen, dass sie entstehen werden?«

Wie bereiten wir uns also auf eine Welt vor, in der ein in Kindheit und Jugend fleißig gefüllter Wissenstank hinten und vorne nicht mehr reicht, um zukunftsfähig zu denken und zu handeln? Genau dieser Frage ging das WeQ Institute seit 2011 intensiv nach – und zwar über die Fahndung nach Bildungsinnovationen, die bereits in der Praxis erfolgreiche Antworten entwickelt und umgesetzt haben. Den Auftakt dazu bildete das Buchprojekt »EduAction – Wir machen Schule« (Margret Rasfeld und Peter Spiegel). Darin beschrieb Margret Rasfeld ausführlich die Schulpraxis der Evangelischen Schule Berlin-Zentrum (esbz), die sie inzwischen zu einer der gefragtesten Bildungsinnovatoren weltweit machte. Der weitaus kürzere Beitrag des Buches behandelt das bahnbrechende Bildungskonzept der Stiftung Fundaec in Kolumbien, auf das wir im letzten Kapitel dieses Buches noch einmal zu sprechen kommen.

Beim Vision Summit 2011 stellten wir derartige Bildungsinnovationen in den Vordergrund. Das Interesse und die Resonanz übertrafen unsere kühnsten Erwartungen. Die teilnehmenden Lehrenden und Lernenden an Schulen und Hochschulen sowie sonstige Bildungsakteure in Stiftungen und Unternehmen waren von den Beispielen, wie Lernen jenseits von Wissenspauken und Frontalunterricht völlig anders und ungleich motivierender und besser funktionieren kann, überwältigt.

In den Vorzeigeprojekten standen Kompetenzen bereits ganz im Zentrum: Lernen des Lernens (wie Teamlernen, digitales Lernen, Peer-to-Peer-Learning, Praxislernen und vieles mehr), Selbststeuerung, Selbstwirksamkeit, globales Bewusstsein, Empathie, praktische Verantwortungsübernahme, Kreativität, Kommunikations- und Problemlösungs- sowie Umsetzungskompetenz, Resilienz, systemisches Denken, Beziehungs-, Innovations- und Transformationskompetenz, Handeln auf Augenhöhe, Achtsamkeit, Konfliktlösung, Intuition, Vertrauen, Würde, Nachhaltigkeit, unternehmerische und Changemaker-Kompetenz, Visionskraft, demokratische, dialogische, Diversity- und Informationskompetenz, Zivilcourage, Wissens- und Projektmanagement. Diese nicht vollständige Liste führt Kompetenzen an, denen sich Bildungsinnovatoren zugewandt haben, um sie zu vermitteln und erlebbar sowie erwerbbar zu machen. Später stellte sich heraus, dass auf der ganzen Welt ähnliche bildungsinnovative Bewegungen entstanden.

Zum Jahresbeginn 2013 organisierten wir mit einer 2011 neu entstandenen Bildungsinitiative namens »Schule im Aufbruch« eine zehntägige Roadshow in elf Städten mit dem Hirnforscher Gerald Hüther, Margret Rasfeld und acht Schülerinnen und Schülern ihrer Beispielschule esbz. Alle gebuchten Säle waren voll mit insgesamt mehr als 10.000 Teilnehmenden.

Mit dem Vision Summit im Frühherbst 2013 konzentrierten wir uns dann unter dem Motto »EduAction – Lernlust statt Schulfrust« erstmals vollständig auf bildungsinnovative Ansätze, Konzepte, Projekte und Umsetzungsbeispiele. Die Urania, die älteste Volksbildungseinrichtung Deutschlands, war so voll wie selten in ihrer 100-jährigen Geschichte.

Wir suchten uns daraufhin einen Partner, mit dem wir das Bildungsthema in einem unabhängigen eigenen Konferenzformat weiterführen konnten. Die erste dieser Konferenzen fand 2016 mit der Metropolregion Rhein-Neckar in Mannheim statt und war mit 1.900 Teilnehmern und dem Motto »Zukunfts-Bildung gemeinsam gestalten« aus dem Stand die größte Bildungsinnovationskonferenz im deutschsprachigen Raum. Damit fand der »EduAction Bildungsgipfel« seinen Anfang und 2018 seine erfolgreiche Fortführung, diesmal unter dem Motto »WeQ – More than IQ: Zukunftskompetenzen gemeinsam gestalten«. Die bis dahin bereits etablierte WeQ Foundation übernahm die Rolle als Kurator.

Zwischen diesen beiden EduAction Bildungsgipfeln luden wir in Zusammenarbeit mit dem Stifterverband, in dem mehr als 3.000 deutsche Stiftungen organisiert sind, und dem Allianz Stiftungsforum führende Bildungsakteure zu einem Vortrag von Andreas Schleicher ein. Er fand am 2. November 2017 im Allianz Forum statt und trug den Titel »Future Skills – Zukunfts-Bildung für das 21. Jahrhundert«. Schleichers Vortrag überraschte mit der Radikalität seiner Botschaft: der unabweisbar notwendigen fundamentalen Bildungswende von der Wissens- zur Kompetenzgesellschaft. Auf viele wirkte der Impuls wie ein Weckruf.

An dieser Stelle ist jedoch ein Hinweis wichtig: Der Großteil der Einrichtungen, die erkannt haben, wie wichtig eine Weiterentwicklung unseres heutigen Bildungsverständnisses infolge der digitalen Revolution all unserer Lebensbereiche ist, spricht noch immer viel zu eng von einer »digitalen Bildungsrevolution«. Und meint damit vor allem zwei Aspekte: dass Bildung die neuen digitalen Möglichkeiten zur Wissensvermittlung nutzen und den Umgang mit den digitalen Tools bis hin zur Programmierkompetenz vermitteln soll. So richtig diese Ansätze sind, so greifen sie dennoch bei Weitem zu kurz.

Andere erkannten, dass die digitale Revolution nicht nur »digitale Kompetenzen« erfordert, sondern die Arbeitswelt so massiv verändert, dass »vier K«-Kompetenzen in *allen* Arbeitsfeldern unverzichtbar werden: Kreativitäts-, Kommunikations- und Kollaborationskompetenz sowie Kritisches Denken. Zu dieser Erkenntnis führte insbesondere die Beschäftigung mit den Erfolgsfaktoren des Silicon Valley. Dortige Unternehmen hatten auf dieser Grundlage eine Initiative gestartet, die diese vier K-Kompetenzen verstärkt in den Bildungssystemen etablieren wollten (im englischen C-Competences bzw. C-Skills genannt: Creativity, Communication, Collaboration, Critical Thinking). Aber auch dies greift viel zu kurz, wie zum Glück zunehmend erkannt wird.

Aufgrund ihrer weltweit koordinierten Studien, Beobachtungen und Erfahrungen ist der Erkenntnisstand der OECD auch hier erheblich weiter. Andreas Schleicher resümiert: »In Zeiten der künstlichen Intelligenz müssen wir uns mehr Gedanken darüber machen, was uns zum Menschen macht und wie wir Menschen *dafür* erstklassig ausbilden.«

Die entscheidenden, deutlich zahlreicheren Zukunftskompetenzen, die wir einige Seiten zuvor aufgelistet haben, decken sich nahezu vollständig mit den von der OECD bereits proklamierten. Erst auf diesem Niveau von Intelligenz und Kompetenz können wir die Souveränität des Menschen über die Technik auch im Zeitalter der künstlichen Intelligenz aufrechterhalten. Und erst damit können wir ein neues Verständnis von Bildung, Zukunft und Wirtschaft entwickeln, bei dem sich alle mitgenommen fühlen.

Unsere eigene zentrale Botschaft beim EduAction Bildungsgipfel 2018 lautete also: Die alte Frontstellung zwischen *Wirtschaftsinteressen* und *Ansprüchen von Bildungsforschern und*

Lehrenden kann sich nunmehr auflösen. Stattdessen soll sich die neue überragende Bedeutung von sozialen, kreativen, lebenspraktischen, problemlösungs- und umsetzungsorientierten Kompetenzen durchsetzen. Der kompetent selbstbewusste, schöpferische und vielfältig handlungsstarke »mündige« Bürger ist heute nicht mehr nur das Ziel von Bildungsforschern und -praktikern, die sich einer modernen Anwendung klassischer Humboldt'scher Bildungsideale verbunden fühlen. Auch Führungskräfte und Verantwortliche in Unternehmen haben verstanden, dass nur solcherart »gebildete« und befähigte Menschen in einer komplexen und rasend schnell sich verändernden Welt und Wirtschaft Zukunft gestalten und kollaborativ erarbeiten können.

Wenn diese grundlegende Feststellung zutrifft, bedeutet dies auch: Erziehende, Lehrende und Lernende, Bildungsforscher, -innovatoren und -aktivisten, Fortbildungsverantwortliche in Unternehmen sowie Mitarbeiter, Selbstständige und eigentlich alle Bürger können als »lebenslang Lernende« *gemeinsam* am neuen Ziel mitdenken und mitarbeiten. Denn alle genannten Kompetenzen bilden sich in praktischen Projekten beziehungsweise in Arbeitsprozessen entlang ernsthafter Aufgabenstellungen heraus. Wir lernen damit die für die Zukunft notwendigen und sie gestaltenden Kompetenzen in neuartigen Lernallianzen.

Zukunftskompetenzen gemeinsam entwickeln – Teil 2: Aufbau eines WeQ Learning System

Unser dementsprechendes Statement beim EduAction Bildungsgipfel konnten wir mit der Präsentation eines weiteren vom WeQ Institute angestoßenen Projekts verbinden: dem Aufbau eines WeQ Learning System, das sich darauf konzentriert, das WeQ-Denken und -Handeln in seinem Kern zu verstehen und in den unterschiedlichsten Kontexten anwenden zu können. WeQ Learning wendet sich dabei bewusst an jeden – von engagierten Bürgern bis zu Mitarbeitern und auch Führungskräften in Unternehmen. An dieser Stelle gehen wir zunächst nur auf die Relevanz von WeQ Learning für Unternehmen ein.

Unternehmen können nicht warten, bis unsere Bildungssysteme die notwendige Transformation von der viel zu einseitigen Wissensvermittlung zu einer vielseitigen Kompetenzenorientierung vollzogen haben. Sie können nicht warten, bis die Menschen, die bei und mit ihnen arbeiten, durch eine solche Transformation in die Lage versetzt werden, lösungsstärker, kollaborativer, agiler und resilienter auf die sich ständig weiterentwickelnden Anforderungen zu reagieren.

Eine Onlineunternehmensbefragung der Deutschen Industrie- und Handelskammer ergab: »Zu den wichtigsten Kompetenzen, die Unternehmen erwarten, zählen Teamfähigkeit, selbstständiges Arbeiten sowie Einsatzbereitschaft, Entscheidungs- und Kommunikationsfähigkeit. Damit stehen vor allem soziale Kompetenzen ganz oben.«

Frederick Pferdt, als Chief Innovation Evangelist bei Google verantwortlich für die Weiterentwicklung der dortigen Kompetenzkultur – einer, die alle Mitarbeiter mitnimmt –, sagt: »Unternehmen brauchen eine Umgebung mit Werten wie Kollaboration, Offenheit und Transparenz, in der neue Ideen möglich und willkommen sind.« Hasso Plattner, SAP-Gründer, legt nach: »Wir müssen mit *kollaborativen* Arbeitsweisen ermitteln, was wir gemeinsam tun wollen. Dann entsteht eine Zusammenarbeit auf einem ganz anderen Niveau.« Todd Khozein, der Gründer der neu orientierten Unternehmensberatung Second Muse, sekundiert: »Collaboration is the next competition.« Und Ernst & Young stellt seinen Stellenangeboten für eine neue Generation von Mitarbeitern das Motto voran: »Collaboration is the new innovation.«

Gerade Unternehmen geraten im Hinblick auf eine Kultur der Kompetenzbildung unwillkürlich in eine Pionier- und Treiberrolle. Ihnen bleibt wegen des akuten Bedarfs an Zukunftskompetenzen ihrer Mitarbeiter keine andere Option, als die damit verbundenen neuen Lernwege sehr schnell und sehr gut in ihren Unternehmen voranzubringen. Sie werden gerade ein wichtiger und wertvoller Teil der aufblühenden Community von Bildungsinnovatoren.

Auch dies war für das WeQ Institute ein wichtiges Motiv für die Entwicklung von WeQ Learning gerade auch für Unternehmen. Dabei trifft es sich gut, dass die Erkenntnisse aus unseren EduAction-Aktivitäten zugleich genau abbilden, was eine erfolgreiche Transformation von Unternehmen der gegenwärtigen »Economy« zu ihrer neuen Rolle in der WeQ Economy ausmacht. Außerdem ergab sich auf diesem Weg bereits eine weitreichende Vernetzung mit Bildungs- und Lernprozessinnovatoren weltweit.

Im nächsten Kapitel werden die sieben Aktionsfelder der WeQ Economy Initiative vorgestellt. Eines der zentralen Aktionsfelder deckt WeQ Learning ab. Auch die insgesamt acht WeQ Spaces werden erläutert, die wir als Schlüsselkompetenzfelder für eine erfolgreiche Lernkultur und Transformation von der heutigen Economy zu einer Weconomy ansehen.

Im darauffolgenden Kapitel machen wir dann noch einen kurzen Ausflug in ein paar Learnings, die verschiedene Vorläuferorganisationen vom WeQ Institute seit Mitte der 1980er-Jahre gemacht haben und an denen wir mit unseren jeweiligen Teams mitwirken und mitlernen durften. Es geht dabei ausschließlich um Erfahrungswerte und Konzepte, die für die jetzige WeQ Economy Initiative wertvoll sind. Aus diesen Erläuterungen wird dann auch verständlich, weshalb dieses Buch einer besonderen Unternehmerfamilie gewidmet ist.

So gelingt der Durchbruch

Die WeQ Economy Initiative

›› So gelingt der Durchbruch eines zukunftsfähigen
Grundverständnisses von Ökonomie! ‹‹

Tatsächlich fiel der oben angeführte Satz in leichten Variationen in praktisch allen Gesprächen, die wir seit Erstellung
der ersten umfassenden Präsentation zur Initiative »Economy
to WeQ Economy« mit einer Vielzahl von Schlüsselpersonen
geführt haben. Die Präsentation gibt es seit dem bereits erwähnten Launchevent am 3. Dezember 2018 online (auf weq.institute).

Erste Rückmeldungen griffen die Kernaussagen auf, die wir
dort unter *Vision* und *Mission* für das Projekt artikuliert haben.
Beides sei hier noch einmal angeführt:

»Vision des Projektes ist der Durchbruch eines weiterentwickelten Grundverständnisses von Ökonomie, das den Chancen und Herausforderungen des neuen Jahrhunderts gesamtsystemisch nachhaltig, sozial, innovativ und agil gerecht wird
und dabei alle mitnimmt auf der Basis eines breiten gesellschaftlichen Konsenses. Hervorgehen soll hieraus eine zukunftsweisende und attraktive Wirtschaftsordnung, die aufbaut auf den
gemeinschaftlichen Grundwerten und Grundprinzipien von
Teilhabe, Empathie, Transparenz, Nachhaltigkeit, gesamtsystemischer Verantwortung, individueller und kollaborativer
Potenzialentfaltung, Selbstverantwortung und Subsidiarität.«

»Unsere Mission sind die Verbindung und Vernetzung der wesentlichen Potenzialträger, das Aufzeigen vorbildlicher Ansätze und pionierhafter Umsetzungen eines solchen neuen Wirtschaftens und dadurch die Verbreitung eines verbindenden Narrativs, das Grundlage eines breitenwirksamen Agenda Settings zur Transformation von ›Economy‹ zur ›WeQ Economy‹ sein kann in Wirtschaft, Zivilgesellschaft und Wissenschaft.«

An anderer Stelle ist das Kernanliegen der Initiative in der Präsentation wie folgt zusammengefasst:

»Die permanente Weiterentwicklung der umfassendsten Potenziale jedes Menschen sowie seiner selbstwirksamen, sozialen und kollaborativen Haltungen und Kompetenzen ist das neue Schlüsselkapital. Sinnstiftende Zielsetzungen wie die Lösung gesellschaftlicher Probleme, die Förderung der Selbstwirksamkeit aller Menschen und die Gestaltung einer nachhaltigen und gemeinwohlorientierten Gesellschaft sind das überragende Incentive in der WeQ Economy, verbunden mit ... Teilhabe, Mitverantwortung und Mitentscheidung. WeQ Economy erkennt das langfristige Wohl der gesamten Menschheit als klügste politische und ökonomische Interessenlage. WeQ Economy überwindet erstens die gesellschaftliche Spaltung, weil sie die bestmögliche Entfaltung der spezifisch menschlichen Potenziale als die alles entscheidende Zukunftsressource in der Arbeitswelt des 21. Jahrhunderts sieht und gestaltet, sie überwindet zweitens die chronische Verletzung der Ökosysteme, weil sie in einer ökosystemisch eingebetteten Ökonomie die beste zukunftstaugliche Wirtschaftsweise erkennt und umsetzt, und sie überwindet drittens das allein materiell nicht überwindbare Sinnvakuum, weil sie in sinnerfülltem Arbeiten und in sinnorientiertem wirtschaftlichen Wirken die kraftvollste und kreativste menschliche Motivation sieht und gestaltet.«

Und dieser Auszug aus der Präsentation beschreibt die stattfindenden Wandlungen:

»Auf der Makro-Ebene der Weltwirtschaft setzt sich die Erkenntnis durch, dass es in einer zutiefst vernetzten Welt allen nur noch dann gut gehen kann, wenn es tatsächlich allen gut geht. Eine WeQ Economy, die das ›We‹ weltumspannend global definiert, transformiert sich unumgänglich zu der klaren Interessenlage, Frieden, Wohlstand, Entfaltungspotenzial und Nachhaltigkeit in gesamtmenschheitlicher und gesamtplanetarischer Dimension zu gestalten.«

»Auf der Meso-Ebene der Organisationen setzt sich die Erkenntnis durch, dass ihre Zukunft davon abhängt, wie gut ihre Mitarbeiter zu sinnmotivierten Mitunternehmern werden und wie klug und rasch sie sich insgesamt vom Modus der ›Competition‹ zum Modus der ›Collaboration‹ transformieren.«

»Auf der Mikro-Ebene des einzelnen Menschen setzt sich die Erkenntnis durch, dass es heute auf die Entfaltung des WeQ (kreative, kollaborative und wertebasierte Kompetenzen sowie soziale Intelligenz) jedes Menschen ankommt, nicht mehr vorrangig auf Wissen (das heute allen zugänglich ist). Das Verständnis einer WeQ Economy als nächster Evolutionsebene von Economy bedeutet dadurch unumgänglich für alle Menschen ein ›enabling to collaborate for purpose‹«.

Der Ansatz: Das Zukunftspotenzial von vier »Communities of Change« besser vernetzen

Die Bezeichnung »Communities of Change« passt zu sehr viel mehr als nur zu vier Communities in dem Sinne, wie wir den Begriff hier einsetzen. Eine Initiative mit der genannten Vision und Mission kann nicht erfolgreich sein, wenn sie nicht alle »Communities of Change« anspricht und einlädt und diese sich auch erfolgreich eingeladen fühlen.

Dennoch haben wir uns bewusst dafür entschieden, hier vier »Communities of Change« in ihrem Potenzial zu beschreiben, was die Zukunftsgestaltung im Sinne einer WeQ Economy angeht, und darauf aufbauend zu eröffnen, welche zusätzliche Kraft durch den Aufbruch zu einer neuen Qualität von Vernetzung und Kooperation generiert werden kann. Wir wollen an diesen vier »Communities of Change« die Bedeutung und die Wirkungsmacht des Paradigmenwechsels von »WeQ – More than IQ« für eine gelingende, zukunftstaugliche Transformation von Ökonomie illustrieren.

Für jede der vier »Communities« gilt: Sie folgen einem bahnbrechend »neuen Denken«, und sie sind geeint in erstaunlich weitreichenden gemeinsamen Werten, Visionen und Missionen eines menschenzentrierten und nachhaltigen Wirtschaftens. Sie kooperieren und interagieren bereits an vielen Schnittstellen und in guter Abstimmung von wirtschaftlichen und zivilgesellschaftlichen Zielen. Und dennoch fehlt eine gemeinsame Plattform, ein gemeinsames Hoffnungsnarrativ, eine gemeinsame Agenda, die diese starken Kräfte bündelt, um tatsächlich den dringend notwendigen Durchbruch zu erreichen.

Die besonderen Merkmale der vier ausgewählten »Communities of Change« sind:

- Die *Social Innovation Community* avancierte in wenigen Jahren zur einfallsreichsten und hoffnungsstärksten neuen Generation von Innovatoren, deren Umsetzungen Studien zufolge (2014 McKinsey & Ashoka) bereits ein, inzwischen wohl schon annähernd zwei Prozent vom Weltbruttosozialprodukt ausmachen.

- Die *Nachhaltigkeits-Community* kann als die wohl größte, einflussreichste, kreativste und bestorganisierte Bürgerbewegung der Menschheitsgeschichte bezeichnet werden.

- Die *Community neuer Arbeitskulturen*, die mit vielen starken neuen Trends von Co-Creation über Design Thinking bis Reinventing Organization die Unternehmenswelt in Richtung ökosoziale und agile Zukunft transformiert.

- Die internationale *genossenschaftliche Community* mit mehr als einer Milliarde Mitgliedern erlebt mit ihrem kollaborativen Ökonomieverständnis eine weltweite Renaissance.

Die »Neue Arbeitskulturen Community of Change« – Beispiel »Corporate Happiness« als Zukunft der Wirtschaft

Beginnen wir mit jener »Community of Change«, deren Entstehung sowie überraschend radikale Änderungsdynamik im Denken und Handeln viele noch nicht so recht einordnen können, weil sie noch relativ jung ist und die Diskussion in einer wirklich breiten Öffentlichkeit gerade erst beginnt.

Die Community of Change, die sich um das Zukunftsthema »neue Arbeitskulturen« entwickelt hat, generierte in den letzten Jahren bereits eine eigene blühende Buch- und Medienlandschaft, und viele der erschienenen Bücher und Filme fesseln wie Science-Fiction-Stories. Frederick Laloux beschrieb in »Reinventing Organizations« zwölf Unternehmen und Organisationen, die mit radikal anderen und äußerst erfolgreichen Unternehmensführungskonzepten punkten – und landete mit seinem Buch, das in einem wissenschaftlichen Fachverlag erschienen ist, einen Weltbestseller, was mehr als selten vorkommt. Bodo Jansen schaffte es mit Büchern wie »Die stille Revolution« über seine persönliche Transformation und die seines Unternehmens direkt in die Bestsellerliste, sein gleichnamiger Film erreichte Kultstatus. Ebenso die »Augenhöhe«-Filme von Sven Franke, die zahlreiche Beispiele von tief greifenden Transformationsprozessen in Unternehmen im Sinne von »Economy to WeQ Economy« dokumentieren.

Wir greifen hier das Beispiel von jemandem heraus, der zunächst in unternehmerischer Praxis in Serie zeigt, wie neues Denken derart erfolgreich funktioniert, dass daraus längst die

Ausbildung von Betriebswirten und Managern abgeleitet werden kann, und der dann die eigenen Erfahrungswerte grundlegend wissenschaftlich aufarbeitet. Rüdiger Fox hat sich schon immer gerne besondere Herausforderungen gesucht. Er hat in den letzten 20 Jahren sechs mittlere und große Konzerngesellschaften der Automobil-, Telekommunikations- und Luftfahrtindustrie in ihren schwierigsten Krisen- und Umbruchzeiten geleitet – gegenwärtig das Textilunternehmen Sympatex. Und er tat dies immer mit einem sehr ungewöhnlichen Ansatz: Statt auf Entlassungswellen setzte er auf die höchste Wertschätzung der Mitarbeiter als »das wahre Kapital jedes Unternehmens«, statt zu kürzen investierte er in neue, vor allem ökologische Geschäftsmodelle.

Wie er dies tat, weckte die Aufmerksamkeit des Königs von Bhutan, der das Konzept eines »Gross National Happiness«-Indexes im Sinne eines »Nationalen Glücksprodukts« als Erstes in einem ganzen Land einführte. Der bhutanische König lud Fox ein und fragte, ob er das »Gross National Happiness«-Konzept auf die Unternehmensebene übertragen könne, sozusagen als Gross **Corporate** Happiness. Rüdiger Fox' Erfolge haben sehr viel damit zu tun, dass er die konsequente Wertschätzung, Förderung und Teilhabe der Mitarbeiter und ihre Aktivierung als Innovatoren neuer, nachhaltiger Geschäftsmodelle als die neue Königsdisziplin von Management ansieht.

Seine Erfahrungen und der Wunsch des bhutanischen Königs brachten Fox zu der Entscheidung, nach Antworten auf die Frage zu forschen: Wie gelingt mitarbeiterzentrierte Unternehmenstransformation, wenn die »Happiness« der Mitarbeiter tatsächlich zum entscheidenden Erfolgsfaktor wird? Studien zu den globalen Rahmenbedingungen einer hochkomplexen, radikal vernetzten, fundamental dynamischen und permanent und unabsehbar sich verändernden Welt weisen genau in diese Richtung. Ist die Übertragung des »Gross National Happiness«-Ansatzes auf einen »Gross Corporate Happiness«-Ansatz der richtige Weg?

Das Forschungsergebnis von Fox kann so auf den Punkt gebracht werden: Der »Homo economicus« muss sich zum »Homo collaborativus« fortentwickeln, eine auf Eigennutz orientierte Intelligenz zu einer kollaborativen Intelligenz und unsere »Economy« zu einer WeQ Economy. »Gross National Happiness« muss zum Wertmaß von Ökonomie werden und »Gross Corporate Happiness« zum Wertmaß jedes Unternehmens. Nur so sind ökologische, soziale und menschliche »Happiness« auf allen Ebenen – auch jener der Unternehmen – sowie alle Aspekte einer ökonomischen und finanziellen Nachhaltigkeit erreichbar.

Dem viel zu eng monetär ausgerichteten Bruttonationalprodukt (BNP) stellte Bhutan bereits 1972 ein ganzheitliches »Bruttonationalglück« gegenüber, das folgende neun Schlüsselfaktoren umfasst (gemessen über insgesamt 37 Einzelindikatoren): ein adäquater Lebensstandard (der dem BNP nahekommt), unbeeinträchtigte Gesundheit, ganzheitliche Erziehung und Bildung, gute Regierungsführung, Schutz der Umwelt, Schutz der Kultur, vitales Gemeindeleben, ausgewogene Zeitnutzung und psychisches Wohlbefinden. 2011, fast 40 Jahre später, verabschiedete die Vollversammlung der Vereinten Nationen eine Resolution, die alle Länder dazu auffordert, ähnlich erweiterte Messgrößen weit jenseits des BNP einzuführen. Die einstimmige Verabschiedung der Sustainable Development Goals durch die Vollversammlung der Vereinten Nationen 2015 stellte einen ersten bedeutenden Meilenstein auf diesem Weg der sukzessiven Umsetzung dar.

Es spricht viel dafür, dass die von Rüdiger Fox geleistete Wegbereitung künftig als noch wertvoller und wirksamer für das Reinventing (das Neuerfinden beziehungsweise Weiterentwickeln) von Unternehmertum als Reaktion auf die Anforderungen und Chancen im 21. Jahrhundert gesehen wird. Er konzipierte die nationalökonomischen Happiness-Kriterien als unternehmerische Happiness- und zugleich Erfolgsfaktoren:

- Den adäquaten Lebensstandard auf nationalökonomischer Ebene übersetzte er auf die Unternehmensebene als Set an materiellen und immateriellen Faktoren, mit denen das Unternehmen die Arbeitsleistung des Mitarbeiters anerkennt und vergütet.

- Die staatliche Fürsorge für eine unbeeinträchtigte Gesundheit ergänzt Fox auf Unternehmensebene um das Konzept einer ganzheitlichen Fürsorge, bei dem Prävention sowie Unterstützung im Bedarfsfall ausgewogen sichergestellt werden.

- Eine ganzheitliche staatliche Erziehung und Bildung findet ihre Fortsetzung durch die Weiterentwicklung von Kompetenzen im Unternehmen, das sich idealerweise als kontinuierlich lernende Organisation versteht.

- Eine gute Regierungsführung findet ihr Pendant in einer gesamtsystemisch verantwortungsvollen Unternehmensführung, die nicht nur die Interessen der Shareholder sichert, sondern auch Verantwortung gegenüber Mitarbeitern und Gesellschaft übernimmt.

■ Der staatliche Schutz der Umwelt spiegelt sich auf Unternehmensebene im Konzept der ganzheitlichen strategischen Nachhaltigkeit wider, was sowohl die direkte unternehmerische Tätigkeit umfasst als auch die Gesamtverantwortung für den Lebenszyklus der Produkte beziehungsweise der Dienstleistungen.

■ Der nationale Schutz der Kultur wird im Unternehmenskontext übersetzt in das Modell einer Unternehmensseele, die deutlich über die klassischen Konzepte von Vision, Mission und Werten hinausgeht.

■ Die staatliche Förderung eines vitalen Gemeindelebens findet im Unternehmen ihre Analogie in kollaborativer Agilität, in der das Wirken und Handeln jedes einzelnen Mitarbeiters durch eine Kultur des kollaborativen Zusammenwirkens verstärkt wird.

■ Die staatliche Fürsorge für eine täglich ausgewogene Zeitnutzung findet ihre Entsprechung im Konzept einer ausgewogenen Lebenszeit, durch die unvermeidliche zyklische Belastungsschwankungen im Unternehmen für alle Seiten gut und flexibel zeitlich ausgeglichen werden können.

■ Das psychische Wohlbefinden hat wie im Staat so auch im Unternehmen einen hohen Stellenwert und wird im Unternehmen jeweils mit den Mitarbeitern so ermittelt und gestaltet, wie es von ihnen als besonders hilfreich und wertvoll gesehen wird.

Einige Statements von Rüdiger Fox sollen seine Vordenkerleistungen zu allen angesprochenen Punkten kurz skizzieren: »Die wichtigsten unternehmerischen Erfolgsfaktoren werden in der Zukunft keine Standardstrategien sein, sondern kontinuierliche Innovationsleistung, organisatorische Effizienz trotz hoher Vielfalt sowie die Fähigkeit, erfolgreich in Netzwerken zu operieren … Inzwischen eröffnen erst die Fähigkeit zu Co-Creation und die Nutzung des Wissens der Masse (Crowd) dank des umfangreicheren Kreativitätspotenzials die Möglichkeit, auch zukünftig einen Prozess der kontinuierlichen Innovation am Leben zu halten … Effizienz kann sich nur noch durch ein hohes Maß an Autonomie realisieren … Eine solche Kultur erfordert unter anderem ein hohes Maß an Vertrauen, das diametral bisherigen Systemen entgegensteht, die sich auf Kontrolle, Misstrauen und Anweisungen abstützten … Die Erfolgsfaktoren für die Zukunft erfordern heute schon an allen Fronten komplett neue Organisationskompetenzen: die Fähigkeit, Innovation kollaborativ zu entwickeln, autonom in komplexen Zusammenhängen zu arbeiten und durch Empathie innerhalb von Netzwerken erfolgreich zu sein … sowie die Bereitschaft aller Beteiligten, ihr Wissen offen miteinander zu teilen … Alle diese Faktoren zeichnen sich durch eine Gemeinsamkeit aus: Sie machen es notwendig, dass jeder Einzelne nicht mehr den ausschließlichen Fokus auf sein Eigeninteresse legt, sondern eine ausgewogene Bezogenheit zur Organisation sowie zum Gesamtsystem benötigt, in das die Organisation eingebettet ist.«

Unter »Gesamtsystem« versteht Fox unteilbar die Menschheit, das Ökosystem Erde und darauf gesamtsystemisch bezogene Werte.

Bei der tiefgehenden Ausarbeitung achtete Rüdiger Fox darauf, dass jede einzelne seiner vorgeschlagenen Maßnahmen zu den neun »Gross Corporate Happiness (GCH)«-Elementen danach beurteilt wird, wie gut und konkret sie der Resilienz und Vitalität des Gesamtorganismus eines Unternehmens und dessen Wirken in der Gesellschaft dient. Er ordnete daher bewusst jedem Hauptelement des GCH-Modells eine zentrale Organfunktion im »Superorganismus Unternehmen« zu – die Unternehmensseele dem Bewusstsein, die lernende Organisation der lernenden Gehirnfunktion, die materiell wie immateriell positive Anerkennung der ausgewogenen Ernährung, die strategische Nachhaltigkeit den externen Sinnen, die kollaborative Agilität dem zentralen Nervensystem, die ganzheitliche Fürsorge dem Immunsystem, die verantwortungsvolle Unternehmensführung der Bewegungs- und Handlungsfähigkeit, das psychische Wohlbefinden der Herzfunktion und die ausgewogene Lebenszeit dem Gleichgewichtssystem.

Damit wird sichergestellt, dass sich *jede* Maßnahme zugleich im Rahmen des klassischen, »alten« Ökonomiedenkens lohnt, also *auch finanziell.* Jedoch wird extrinsische Motivation als bisheriger Königsweg überall durch Ansätze eindeutig intrinsischer Motivation ersetzt. Das Buch von Rüdiger Fox liest sich als praktisches Handbuch zur Mitarbeitermotivation, die sich schließlich als der bestmögliche Schlüssel zu Innovation, Agilität und Kollaboration erweist.

Fox liefert ferner klare Vorschläge, wie jeder Faktor des »Gross Corporate Happiness«-Niveaus konkret gemessen werden kann und was dies für die Feststellung des Vermögenswertes eines Unternehmens bedeutet. Bei Unternehmensübernahmen »zählt« bisher alles – außer dem eigentlich Wichtigsten: das, was durch die GCH-Engagements als Werte und Kompetenzen jedes Mitarbeiters in der Mitarbeiterschaft angelegt ist. Wenn dies berücksichtigt werden kann, weil es darstellbar ist, wird die Kultur der Wertschätzung in einem Unternehmen zu dessen direktem Wert.

Und noch etwas: Fox ist aufgrund seiner Erfahrung felsenfest davon überzeugt, dass *alle* »Gross Corporate Happiness«-Faktoren so gestaltet werden können, dass sie faktisch *neuartige Geschäftsmodelle* bei den Unternehmen ergeben.

Unseres Erachtens verdient die Forschungs- und Entwicklungsarbeit von Rüdiger Fox den Wirtschaftsnobelpreis. Seinem Buch »Bionische Unternehmensführung«, in das als Zugabe auch seine eigenen unternehmerischen und transformativen Erfahrungswerte eingeflossen sind, gebührt ebenso große Beachtung wie Frederick Laloux' »Reinventing Organizations« oder Otto Scharmers »Theory U«. Es leitet Unternehmen zur vollumfänglichen Nutzung ihrer systemisch-kollaborativen Intelligenz an, ist also ein Handbuch zur WeQ-Transformation.

Rüdiger Fox stand von Anfang an hinter der WeQ Economy Initiative. Unter dem Titel »Anleitung zur Weqonomy« erschien Ende 2018 eine ausführliche Rezension seines Buches in *Senate*, dem »Magazin für Politik, Gesellschaft und eine Ökosoziale Marktwirtschaft« des Senats der Wirtschaft, in dem er als würdiger Kandidat für den Wirtschaftsnobelpreis vorgestellt wird.

Dem Senat der Wirtschaft gehören rund 600 ausgewählte vor allem mittelständische Unternehmen bis Hidden Champions, also Weltmarktführer, an. Er unterscheidet sich grundlegend von Einrichtungen innerhalb der Wirtschaft, denen es um Interessenvertretung und Lobbying geht. Der Senat ist ein Beispiel dafür, wie klassisches Lobbying durch ein gemeinschaftliches Vorgehen ersetzt werden kann, das für die Wirtschaft selbst und letztlich für alle besser ist. Der Senat bietet die Kompetenzen seiner Mitglieder aus Wirtschaft, Wissenschaft und Zivilgesellschaft allen demokratischen Parteien für gemeinwohlorientierte Lösungen an. Das Angebot wird gerne und parteiübergreifend angenommen, weil es tatsächlich konsequent und überzeugend frei von Partikularinteressen erfolgt. Vor diesem Hintergrund ist es auch nicht verwunderlich, dass der Senat der Wirtschaft für die WeQ Economy Initiative, für die WeQ Alliance und zuvor für unsere EduAction-Initiative offen ist. Weitere Senatsprojekte sind eine internationale Welt-Wald-Klima-Initiative und die intensive Begleitung der Initiative »Marshallplan mit Afrika«.

Die »Nachhaltigkeits-Community of Change« – Beispiel: »Die Große Transformation« (Wuppertal Institut) und die Kunst gesellschaftlichen Wandels

Im September 2018 legte Uwe Schneidewind, Präsident des renommierten Wuppertal Instituts für Klima, Umwelt und Energie, einen 500 Seiten umfassenden Vorschlag für »Die Große Transformation« in Form einer »Einführung in die Kunst gesellschaftlichen Wandels« vor. Damit will das Anfang der 1990er-Jahre gegründete Wuppertal Institut seine Arbeit für konkrete, tragfähige Perspektiven einer umfassend nachhaltigen Entwicklung auf eine neue Wirkungsstufe führen. Es will die Grundlage »für ein identitätsstiftendes transdisziplinä-res Narrativ« schaffen und dabei »ökologische, technologische, ökonomische, sozial- und kulturwissenschaftliche Erkenntnisse zu einem Hoffnung gebenden Gestaltungsprogramm« für den »Umbruchprozess zu Beginn des 21. Jahrhunderts« verdichten.

Im gleichen Monat, im September 2018, präsentierte das WeQ Institute sein fertiggestelltes Konzeptpapier »Economy to Weconomy« einem Kreis von 40 geladenen Gästen auf Schloss Montabaur. Der Zufall wollte es, dass unser Mitentwickler Benjamin Brockhaus auf der Rückreise im Zug Uwe Schneidewind traf und sie miteinander über ihre jeweils aktuellen Nachrichten ins Gespräch kamen. Beide stellten sofort die Identität der Intention beider Initiativen fest. So vereinbarten sie ein zeitnahes Treffen mit dem WeQ-Economy-Team in Berlin. Dort konnten beide Seiten kaum glauben, wie ähnlich die Anliegen und die Analyse zur Reife beider gesamtgesellschaftlichen Initiativen sind. Uwe Schneidewind empfand insbesondere unseren Ansatz für die enge Verknüpfung der vier genannten »Communities of Change« sowie unsere sieben umsetzungsorientierten und transformationsstrategischen Aktionsfelder als sehr innovativ und wertvoll für das gemeinsam anvisierte Ziel. Wir vereinbarten einen zeitnahen weiteren Austausch zur engen Zusammenarbeit.

Im Kern von Schneidewinds Analyse steht der Begriff der »Zukunftskunst« als »Kunstfertigkeit, wünschenswerte Zukünfte zu ermöglichen«. Selbstkritisch stellt Schneidewind fest: »Zu lange waren große Teile der Nachhaltigkeits-Community *Transformationsanalphabeten* und glaubten daran, dass die Welt sich schon ändern würde, wenn wir die Größe der ökologischen und Entwicklungsherausforderungen nur plastisch genug beschreiben, technologische Lösungen und dazu passende Policy-Empfehlungen vorlegen.«

Schneidewind fasste den Erkenntnisfortschritt der neuen Initiative so zusammen: »Wenn im 21. Jahrhundert eine Große Transformation hin zu einer Welt mit einem guten Leben für zehn Milliarden Menschen innerhalb planetarer Grenzen möglich werden soll, dann gilt es, das Wesen solcher Transformationsprozesse besser zu verstehen« – und dann selbst offensiv und strategisch mitzugestalten. Der Schlüssel ist also eine deutlich verbesserte *Transformationskompetenz* aller Aktiven der Nachhaltigkeits-Community – und darüber hinaus in der breiten Gesellschaft.

Die Bedeutung von *sozialen Innovationen* als Ergänzung zu rein technologischen, die Bedeutung von *Transformationskompetenzen* für die breite, aktive Mitgestaltung von Veränderungen als Ergänzung zur bloßen Wissensvermittlung über ökologische Zusammenhänge und die Bedeutung von *genossenschaftlichen und genossenschaftsähnlichen Unternehmensformen und Unternehmensselbstverständnissen* als Ergänzung zu allgemeinen Aufrufen zu Corporate Social Responsibility durchziehen alle Ansätze zur Großen Transformation. Und im nächsten Schritt, so Schneidewind, »stellt sich (dann) die Frage, ob und, wenn ja, in welcher Form sich die Grundprinzipien der Wirtschaftsordnung modifizieren und erweitern lassen, ohne dass die produktive Grunddynamik eines marktwirtschaftlichen Wirtschaftssystems dabei verloren geht.«

Wie Uwe Schneidewind feststellte, bietet die WeQ Economy Initiative zu all diesen Fragen und Herausforderungen Beobachtungen, Erkenntnisse und Erfahrungswerte, die die Diskussion um Nachhaltigkeit weiterführen in Richtung »neue Geschäftsmodelle, neue Formen unternehmerischer und wertschöpfungskettenweiter Organisation, neue institutionelle Regelungen. Im Zusammenspiel von technologischen und sozialen Innovationen entstehen die *Systeminnovationen,* die grundlegende Transformationsprozesse auszeichnen.«

Schneidewind zitiert vor allem Maja Göpel, die einige grundlegende Schlüsselprinzipien für einen »Great Mindshift« für das 21. Jahrhundert entwickelte, darunter die Orientierung an einem erweiterten Wohlstandsverständnis, die Fähigkeit zur Mitgestaltung umfassender Veränderungsprozesse, die Suche nach zentralen Hebeln für gesellschaftliche Veränderungsprozesse, die Entwicklung evolutionärer und nicht revolutionärer Wege im Sinne eines »radikalen inkrementellen (= schrittweisen) Wandels«, die Schaffung und Nutzung neuer Experimentierräume zur Erprobung sozialer Innovationen auf Reallabor- bis kommunaler Ebene, ferner Technologieoffenheit und Ideologiefreiheit statt zu fixer und früher Festlegung und statt ideeller Verengung.

All diese Prinzipien von »Great Mindshift« und »Großer Transformation« decken sich vollständig mit den Prinzipien, die die WeQ Economy Initiative leiten und die in unseren sieben Aktionsfeldern zum Ausdruck und zur Anwendung kommen.

Gleichzeitig zeigen die Ansätze aus der »Neuen Arbeitswelt Community of Change« (wie jene des »Gross Corporate Happiness«-Instituts von Rüdiger Fox), wie die ökologischen Forderungen des Wuppertal Instituts und anderer Ökoorganisationen unternehmerisch umgesetzt werden können – flankiert von sozialen Innovationen. »Eine fast völlige Dekarbonisierung der Wertschöpfung noch im Laufe des 21. Jahrhunderts sowie eine radikal ressourcenleichtere Wirtschaftsweise« und weitere Forderungen an eine WeQ Economy, die Schneidewind anführt, sind umsetzbar, wie andere zitierte Beispiele noch zeigen werden.

Selbstredend spielen auch soziale Innovationen, die mithilfe von *politischen Ansätzen* implementiert werden, eine wichtige Rolle. Die Nachhaltigkeits-Community bietet eine beeindruckend große Zahl an Erfolgsbeispielen, vom Erneuerbare-Energien-Gesetz bis zur flexiblen Ökosteuer. Aber auch die bereits angesprochenen Konzepte zur Wettbewerbsneutralität oder zu transparent gemeinwohlorientierter statt interessengetriebener Lobbyarbeit bereichern das Arsenal innovativer wirtschafts-, umwelt- und gesellschaftspolitischer Steuerungsinstrumente.

Die »Social Innovation Community of Change« – 2 Beispiele aus dem Sektor Gesundheit

Mit der Entwicklung und Analyse der »Social Innovation Community of Change« beschäftigt sich eine Reihe von Monografien und gemeinschaftlichen Publikationen, die das WeQ Institute initiiert hat. Darunter befinden sich die Folgenden, die teilweise bereits vor der offiziellen Gründung erschienen: 2006 das Gemeinschaftsbuch mit Lutz Wicke und Inga Wicke-Thüs »Kyoto Plus. So gelingt die Klimawende. Nachhaltige Energieversorgung PLUS globale Gerechtigkeit«, 2007 »Muhammad Yunus – Banker der Armen«, 2008 mit Roger Richter und Hans Reitz »Die Macht der Würde. The Grameen Family«, 2008

»Social Impact Business. 25 Beispiele für die Verbindung von ökonomischen und sozialen Zielen« (die Startstudie des Genisis Institute), 2009 »Global Impact. Der neue Weg zur globalen Verantwortung« als »Bericht an die Global Marshall Plan Initiative«, 2011 »Eine bessere Welt unternehmen. Wirtschaften im Dienst der Menschheit«, 2012 »Denk die Welt weiter. 25 Ideen, selbst die Zukunft zu gestalten« und 2014 »WeQ – More than IQ. Abschied von der Ich-Kultur«. Mit Franz Alt erschien 2009 »Gute Geschäfte. Humane Marktwirtschaft als Ausweg aus der Krise« und 2017 »Gerechtigkeit. Zukunft für alle«.

Die gesellschafts- und wirtschaftsverändernden Effekte von sozialen Innovationen seien hier nur noch einmal kurz an zwei Beispielen aus dem Sektor Gesundheit illustriert.

Frederick Laloux führt in »Reinventing Organizations« das holländische Pflegeunternehmen *Buurtzorg* an, das Jos de Blok 2006 mit der Idee gründete, nachbarschaftliche ambulante Krankenpflege zu leisten in sich selbst organisierenden Teams von zehn bis zwölf Pflegekräften ohne Manager oder Teamleiter, stattdessen mit im Team flexibel verteilten Managementaufgaben. Die Teams sehen ihren Auftrag nicht allein in der professionellen Pflege ihrer Klienten entsprechend den Vorgaben der Krankenkassen. Sie schulen auch beispielsweise ihre Klienten, wie diese ihre Lebenssituation eigenverantwortlich verbessern können. Und sie organisieren ein Netzwerk von Unterstützern aus Nachbarschaft, Familie oder gemeinnützigen Organisationen. Mit diesem Ansatz verbesserten sich der Gesundheitszustand und die Zufriedenheit ihrer Klienten eklatant und nachhaltig. Gleichzeitig sanken die Kosten für die Krankenkassen spürbar, obwohl die Mitarbeiter von Buurtzorg deut-

lich mehr verdienten als in traditionell arbeitenden Pflegediens-
ten. Buurtzorg beschäftigt heute mehr als 9.000 Pflegekräfte,
die alle nach wie vor in nachbarschaftlichen Pflegeteams von
zehn bis zwölf Personen organisiert sind. In zehn Jahren wurde
Buurtzorg zum größten Pflegedienst in Holland, der allein drei
Viertel aller ambulanten Pflegekräfte im Lande stellt – und dies
mit einer Firmenzentrale, die nicht mehr als 28 Mitarbeiter
braucht, völlig ohne Zielvorgabe und Kontrolle der Teams aus-
kommt und sich nur auf reine Serviceleistungen für die Teams
beschränkt.

Obwohl die Wahrnehmung der Klienten ist, dass sie von den
Buurtzorg-Pflegern viel besser und intensiver betreut werden,
fand eine Studie von Ernst & Young heraus, dass deren Pfleger
40 Prozent weniger Zeit aufwenden als vom Arzt verschrieben
und dass die Einweisungen in die Notaufnahme um 30 Prozent
zurückgingen. Buurtzorg bringt dem holländischen Sozialver-
sicherungssystem Einsparungen in Höhe von mehreren Hundert Millionen Euro jährlich.

Das zweite Beispiel sind die 1976 gegründete *Aravind-Augen-
klinik* in Indien und das damit verbundene *»Eye Care«-System*.
Die Vision der Gründer war, am grauen Star erkrankten Menschen das Augenlicht zurückzugeben. Diese Dienstleistung rich-
tete sich vor allem an die Ärmsten, die sich in der Regel eine
solche Operation nicht leisten können. 2008 betreuten die insgesamt 230 Aravind-Ärzte bereits knapp 230.000 Patienten pro
Jahr. Dies wurde möglich, weil jeder einzelne Schritt der Dienstleistung, von der ersten Diagnose bis zur Nachbetreuung, auf
den Prüfstand gestellt wurde. Die teuersten Kräfte, die Ärzte,
konzentrierten sich fortan allein auf die eigentliche Operation.

Für andere Stufen im Ablauf wurden Laien zu ausreichend qualifizierten Kräften ausgebildet.

Bereits 2004 erwirtschaftete Aravind bei einem Umsatz von zehn Millionen US-Dollar und Kosten pro Operation von 20 US-Dollar einen Gewinn von 25 Prozent. Dabei behandelt Aravind rund 70 Prozent seiner zum Großteil mittellosen Patienten kostenlos. Nur die restlichen 30 Prozent der wohlhabenderen Patienten zahlen für die Behandlung – abhängig vom Standard ihrer Unterbringung zwischen 88 bis 212 Euro.

Der fachliche Anspruch, den Aravind an sich stellt, ist hoch. Die Qualität und Effizienz der Eingriffe ist exzellent, denn aufgrund der Vielzahl an Operationen konnten Erfahrung, Glaubwürdigkeit und Kompetenz entscheidend vergrößert werden. Dadurch gibt es heute sogar mehr zahlende Patienten als zuvor. Aus der ganzen Welt reisen vermögende Patienten nach Indien in die Aravind-Augenkliniken – weil sie diese als die besten der Welt ansehen. Durch den wirtschaftlichen Erfolg konnte man beispielsweise in ein selbst entwickeltes Verfahren der Kunstlinsenherstellung investieren, womit man heute hohe Exportgewinne erzielt.

Der durch dieses System geschaffene Mehrwert ist von unschätzbarer Bedeutung. Menschen, die vornehmlich in der ländlichen Region Indiens leben, können, anstatt zu erblinden und wirtschaftlich abhängig zu sein, wieder selbst arbeiten und ein autonomes Leben führen.

Die Kosten für eine Augenoperation bei Aravind konnten im Vergleich zu anderen indischen Kliniken auf ein Zwanzigstel gesenkt werden. Dies war nur möglich, weil die Abläufe rund um die Operation mit innovativem Geist betrachtet wurden.

Entscheidend war, in enger Zusammenarbeit mit den Menschen in den Dörfern Indiens neue Organisationsstrukturen zu entwickeln. Es würde zu weit führen, all diese Schritte hier aufzufächern. Das Ergebnis ist jedoch mehr als verblüffend: die Erschließung einer wichtigen gesundheitlichen Dienstleistung für besonders arme Menschen durch Kostensenkung bei gleichzeitiger Qualitätssteigerung auf Weltspitzenniveau und höchster Profitabilität. Die Gewinne werden nun dazu genutzt, weltweit neue Augenkliniken im Stil von Aravind aufzubauen.

Auf Grundlage solcher Beispiele wies C.K. Prahalad, der international bedeutendste Innovationsforscher des letzten Jahrzehnts, nach: Wenn Unternehmen sich darauf einlassen, ihre Dienstleistungen und Produkte gemeinsam mit den Betroffenen für die Bedarfe der Armen neu zu entwickeln, setzt dies eine beispiellose Kreativitäts- und Innovationswelle in Gang. Nicht nur werden immense Effizienzpotenziale in der Entstehungs-, Wertschöpfungs- und Vermarktungskette entdeckt. Erstaunlicherweise führt gerade die Herausforderung, für Menschen am Rande der (Welt-)Gesellschaft innovative Lösungen zu entwickeln, zu ausgesprochen wertvollen *technischen* Innovationen: Die Produkte werden qualitativ besser, weil sie sich auch unter widrigen Umständen behaupten müssen. Und sie werden in der Konstruktionsweise und Handhabung einfacher, was unter anderem höhere Skaleneffekte ermöglicht. Prahalad fasste seine Erkenntnisse so zusammen: »Das schlichte Überleben von Unternehmen hängt immer mehr davon ab, wie gut und innovativ sie gesellschaftliche Herausforderungen lösen können.«

Die »Genossenschaftliche Community of Change« – urgenossenschaftliche Werte im neuen Ökonomieverständnis des »Homo cooperativus«

Markus Stegfellner schreibt derzeit zur Renaissance der genossenschaftlichen Idee ein Manifest, das in Kürze unter dem Titel »Ein neues genossenschaftliches Jahrhundert. Manifest für die (Wieder-)Entdeckung des Homo cooperativus« erscheinen soll. Dort werden die Argumente für diese These ausführlich dargelegt.

Die »Westerwälder Erklärung« zu Friedrich Wilhelm Raiffeisens 200. Geburtstag aus dem Jahr 2018, ein wichtiges Dokument für das erwachende Bewusstsein innerhalb der genossenschaftlichen Welt, wurde in diesem Buch bereits erwähnt.

Unabhängig von dem Manifest erscheint in absehbarer Zeit auch eine Dissertation von Viktoria Schäfer, die seit 2018 das Forschungsinstitut der Akademie Deutscher Genossenschaften leitet. Sie wird darin aufzeigen, dass Adam Smith eher als Kronzeuge für genossenschaftliche Ideale und das Menschenbild, die Werte und das Ökonomieverständnis eines »Homo cooperativus« taugt, als für verkürzte »Homo oeconomicus«-Vorstellungen, die bis heute mit Berufung auf sein Werk »Der Wohlstand der Nationen« für seine Lehre stehen. Die wissenschaftliche Arbeit von Viktoria Schäfer wird vermutlich grundlegende Diskussionen über die bisherige Ikone neoliberalen Wirtschaftsdenkens auslösen.

Wie hochmodern und zukunftsstark die schon lange existierende Rechtsform der Genossenschaft gerade für junge Gründer und deren Weg in die WeQ Economy ist, zeigt André Dörfler,

Innovationsmanager und Change-Berater der genossenschaftlichen Versicherung R+V, mit seinen »20 Gründen, warum für Deine (Gründer-)Idee eine Genossenschaft cool ist«. Er stellte die 20 Gründe in Vorbereitung eines Camps der genossenschaftlichen Community zusammen:

1. *Gründerteam:* Du brauchst nur ein Team von drei natürlichen oder juristischen Personen, um eine Genossenschaft zu gründen. Ihr werdet ein Team von Unternehmern/Entrepreneuren, die als Mitglieder der Genossenschaft zusammenarbeiten.

2. *Zweck/Purpose:* Ihr wollt wirtschaftliche, soziale und kulturelle Probleme lösen und die Zukunft der Gesellschaft für Menschen gestalten? Genau das ist der Zweck von Genossenschaften. Als »Business driven by values, not just profit« handeln sie »to create a better world through cooperation«.

3. *Werte/Values:* Euch sind Werte wichtig? Genossenschaften sind werte- und menschenorientierte Unternehmen. Die genossenschaftlichen Werte sind Solidarität, Hilfe zur Selbsthilfe, Selbstverantwortung, Demokratie, Gleichheit, Gerechtigkeit, Fairness, Ehrlichkeit, Respekt und Vertrauen.

4. *Innovation und Wirkung/Impact:* Ihr wollt für eure innovative Idee eine moderne Unternehmensform? Genossenschaften sind flexibel und »in« – egal, ob eure Idee zur Verbesserung von Arbeit, Bildung, Wohnen, Mobilität, Sozialem, Klima, Energie, Wasser oder anderem wirkt.

5. *Nachhaltigkeit:* Ihr wollt mit eurem Unternehmen zu einer besseren und nachhaltigeren Zukunft beitragen? Immer mehr Genossenschaften folgen dem »Call for Action« der UNO und engagieren sich für die Sustainable Development Goals (SDGs).

6. *Digitalisierung und digitale Plattformen:* Zu eurer Idee gehören digitale Produkte, Services und Plattformen? Genossenschaften sind eine Form für persönliche, analoge und digitale Geschäftsmodelle. Mit Genossenschaften sind werteorientierte digitale Plattformen im Interesse und zum Nutzen der Gesellschaft realisierbar.

7. *Demokratie und Mitbestimmung:* Ihr möchtet, dass Menschen demokratisch und gleichberechtigt zusammenarbeiten? In Genossenschaften gilt »one member, one vote«, unabhängig von der Kapitalbeteiligung. Sie werden von Mitgliedern geführt und demokratisch kontrolliert.

8. *Gemeinschaftseigentum:* Ihr wollt, dass das Unternehmen im Besitz von Menschen ist, nicht von Shareholdern? Genossenschaften sind im Eigentum der Mitglieder, die Geschäftsanteile erwerben. Sie sind »selfowned companies«. Fremdübernahmen sind nicht möglich.

9. *Expansion und Skalierung:* Ihr habt große Visionen und möchtet regional, national und global expandieren? Genossenschaften können lokal und klein sowie global und groß sein. Sie sind flexibel und skalierbar, so wie es zum Geschäftsmodell passt.

10. *Finanzierung*: Ihr braucht Kapital, um euer Geschäftsmodell zu finanzieren? Genossenschaften haben die gleichen Finanzierungsmöglichkeiten wie Gründer und Unternehmen. Die Mitbestimmung und Gewinnauszahlung für
investierende Mitglieder, die mit Kapitalbeteiligung unterstützen, kann begrenzt werden.

11. *Alternatives Unternehmensziel*: Ihr lehnt Gewinnmaximierung ab und sucht nach Alternativen? Genossenschaften
haben nicht das Ziel der Gewinnmaximierung. Bei Genossenschaften sind die Mitglieder zugleich Eigentümer und
Kunde bzw. Mitarbeiter, Bewohner, Nutzer. Aufgrund der
gleichzeitigen unterschiedlichen Interessen in verschiedenen Rollen ist eine Gewinnmaximierung praktisch nicht
möglich, weil sich die Mitglieder damit selbst schaden würden. Ein Beispiel sind Genossenschaftsbanken, bei denen
die Mitglieder zugleich Eigentümer und Kunden sind.

12. *Gewinnverwendung*: Ihr möchtet als Low- oder Non-Profit-
Unternehmen arbeiten? Die von Genossenschaften durch
solides unternehmerisches Handeln erwirtschafteten Gewinne können vollständig oder teilweise reinvestiert bzw.
an Mitglieder ausgezahlt werden. Auszahlungen können begrenzt oder ausgeschlossen werden.

13. *Gemeinnützigkeit*: Ihr möchtet als Unternehmen gemein-
nützig arbeiten? Eine Genossenschaft kann so rechtssicher
organisiert werden, dass sie den Anforderungen der Finanz-
behörden genügt und damit als gemeinnützige Genossenschaft firmieren darf.

14. *Begrenzte Haftung:* Ihr wollt nicht unbegrenzt gegenüber Gläubigern haften? Bei Genossenschaften ist die Haftung der Mitglieder auf ihre Kapitalbeteiligung, den Geschäftsanteil, begrenzbar.

15. *Insolvenzsicherheit:* Ihr möchtet das Unternehmen solide führen? Genossenschaften sind wegen der internen Kontrolle durch einen genossenschaftlichen Prüfungsverband die mit Abstand insolvenzsicherste Rechtsform in Deutschland.

16. *Erleichterung für kleine Unternehmen:* Ihr möchtet eine möglichst schlanke Organisation und Verwaltung? Bei kleinen Genossenschaften mit bis 20 Mitgliedern kann eine einfachere Satzung verwendet werden. Es darf auf einen Aufsichtsrat verzichtet und der Vorstand mit nur einer Person besetzt werden. Zudem gibt es, abhängig von der Höhe des Umsatzes, Erleichterungen bei der Erstellung von Jahresabschlüssen und dem Umfang von Jahresabschlussprüfungen. Des Weiteren sind attraktivere Mitgliedsbeiträge bei einem Prüfungsverband möglich.

17. *Unternehmensnachfolge:* Du/ihr such(s)t als bestehendes Unternehmen nach einer Lösung für die Nachfolge, da sich weder Nachfolger aus der eigenen Familie noch Käufer finden, die die Werte des Unternehmens und Arbeitsplätze sichern? Durch die Umwandlung eines bestehenden Unternehmens (GmbH, AG oder anderes) in eine Genossenschaft, bei der die Mitarbeiter die neuen Eigentümer und Mitglieder der Genossenschaft werden, wird die Zukunft des Unternehmens und der Arbeitsplätze gesichert.

18. *Weltweite Anerkennung:* Ihr möchtet mit eurem Unternehmen zu etwas Besonderem gehören? Die Genossenschaftsidee wurde von der UNESCO als immaterielles Kulturerbe der Menschheit ausgezeichnet.

19. *Alternative Ökonomie:* Ihr möchtet mit eurem Unternehmen neue und alternative Wirtschaftsformen leben? Genossenschaften sind Gestalter von Nachhaltiger Ökonomie, Sozialer Ökonomie, Solidarischer Ökonomie, Sharing Economy und Platform Economy.

20. *Gründungsberatung:* Ihr seid jetzt interessiert an einer Genossenschaft? Die Gründung einer Genossenschaft erfolgt durch Neugründung oder durch Umwandlung einer GmbH, AG, UU oder eines Vereins in eine Genossenschaft. Gründungsberater der genossenschaftlichen Verbände und auf Genossenschaftsrecht spezialisierte Rechtsanwälte beraten und unterstützen dabei.

Ergänzend sei noch erwähnt: Bei sogenannten Mehrstimmengenossenschaften können auch unterschiedliche Interessen jeweils für den Unternehmenszweck passend balanciert werden, zum Beispiel die von Erfindern und Innovatoren oder Gründern, von einer breiten Crowd, aber auch von klassischen Investoren mit unterschiedlichen Stimmrechten. Wenn beispielsweise ein Erfinder sich bestimmte Rechte vorbehalten möchte, damit seine Erfindung nicht für Zwecke eingesetzt werden kann, die er nicht billigt, er aber, von diesem Sperrbereich abgesehen, die Intelligenz der Crowd für seine Erfindung nutzen möchte sowie einige klassische Investoren, um von deren Erfahrung und Vernetzung zu profitieren, so ist auch dies gestaltbar.

Markus Stegfellner stellt in seinem genossenschaftlichen Manifest die Gemeinsamkeit aller vier genannten »Communities of Change« in Bezug auf deren grundlegende Veränderungen in Richtung einer WeQ Economy heraus:

»In tatsächlich allen dieser vier recht unterschiedlichen Bewegungen und Communities of Change bewegte sich zu Schlüsselfragen und Lösungsansätzen für die Herausforderungen der Zukunft der Regler der Bedeutungsverschiebung jeweils in dieselbe Richtung – von der IQ- zur WeQ-Orientierung. Durch unsere langjährige Arbeit in der genossenschaftlichen Welt ist die DNA genossenschaftlicher Werte tief in uns verankert. Die Wahrnehmung neuer Tätigkeitsfelder für Genossenschaften im Nachhaltigkeitsbereich (Beispiel Energiegenossenschaften) und in der Welt sozialer Innovationen (Beispiel Mikrofinanz – die besonders erfolgreichen Institute sind meist Genossenschaften) ließ den Gedanken reifen, dass die Zeit für eine umfassende Renaissance genossenschaftlicher Konzepte als Basis für ein weiterentwickeltes Ökonomieverständnis gekommen ist. Durch die Beschäftigung mit einigen der insgesamt mehr als 200 Einzeltrends innerhalb der vier genannten weltumspannenden Bewegungen und Communities of Change fanden wir bestätigt, dass diese von einer gemeinsamen DNA getragen sind: einer neuen, starken Orientierung auf gesamtgesellschaftliche Verantwortung und kollaboratives Denken und Handeln. Die Erkenntnis des Megatrends und Paradigmenwechsels WeQ im Sinne von *More than IQ* bestärkte uns weiter. Gemeinsam schlussfolgerten wir: Die Zeit ist nicht nur reif für ein neues genossenschaftliches, sondern für ein zugleich umfassend nachhaltiges, sozialinnovatives und die Entfaltung des Menschen in den Mittelpunkt stellendes Ökonomieverständnis. Wir begaben uns auf eine Entdeckungsreise, wie diese vier großen und bedeutenden Bewegungen sich bereits wechselseitig befruchten und miteinander verzahnen, und wie diese Reise die Zukunftsperspektiven der Menschheit erstmals gesamtsystemisch auf den Kurs eines weiterentwickelten Ökonomieverständnisses bringen kann – eines, das all das, was wir bisher unter ›Economy‹ verstanden haben, entsprechend dem WeQ-Paradigmenwechsel zu etwas deutlich Verbessertem weiterentwickelt. Eben zu einer WeQ Economy.«

Sieben Aktionsfelder für den Start und Aufbau der »Economy to WeQ Economy«-Initiative

In der bereits erwähnten 70-seitigen Präsentation zur WeQ Economy Initiative sind auch die sieben Aktionsfelder enthalten, die in ihrem Zusammenspiel ein breites Fundament für den Durchbruch zu einer neuen Entwicklungsstufe von Ökonomie bauen sollen. Die sieben Aktionsfelder sind:

1. Medien
2. WeQ Economy Events
3. WeQ Learning
4. WeQ Hubs
5. Deep Dives
6. WeComs
7. Community

1. Medien – Print-, Online- und sonstige Medien zum Thema WeQ Economy

Im Frühjahr 2018 startete eine vom Printmagazin *enorm* konzipierte neue Serie von »Weconomy-Themenheften«. Das Erste war dem Raiffeisenjahr und damit dem Thema »Genossenschaften« gewidmet. Gastkurator war Markus Stegfellner.

Eine Reihe von Manifesten zu den vier ausgewählten sowie weiteren »Communities of Change«, wie beispielsweise Gemeinwohlökonomie, Grundeinkommen, Gross National/Corporate Happiness oder Kreislaufwirtschaft, soll in einem eigenen Design erscheinen, das an die Reclam-Hefte angelehnt und bewusst kurz und sehr kostengünstig gehalten ist. In dieser Reihe sind auch beispielgebende Konzepte oder Einrichtungen im Sinne der WeQ Economy Initiative vorgesehen. Die Publikationen sollen multimedial begleitet werden durch Podcasts, Filme und vieles mehr.

Ferner sind grundlegende wissenschaftliche Studien geplant sowie Partnerschaften mit unterschiedlichen Medien.

2. WeQ Economy Events und WeQ Economy Congress – Leitkonferenz 2020 mit vielen vor- und nachgelagerten Zukunftsworkshops

Erste themenbezogene WeQ-Economy-Zukunftsworkshops und regionale Initiativen sind bereits für 2019 vorgesehen.

Ein WeQ Economy Congress ist für die 1. Jahreshälfte 2020 als Leitkonferenz angedacht – in Kooperation mit Einrichtungen aus den »Communities of Change«. Unter den ersten Zielsetzungen sind: die Abstimmung von Werten und Zielen, die Vernetzung und Zusammenarbeit möglichst vieler konkreter Projekte, die offensive Einbeziehung von Wissenschaft, Wirtschaft, Zivilgesellschaft und Politik und die Entwicklung von Prototypen für konkrete WeQ-Economy-Projekte und -Unternehmen (sogenannte WeQubator-Prozesse). Die aktive Einbeziehung von engagierten jungen Nachwuchskräften als WeQ Economy Teamer in die gesamte Vorbereitung und eine hochinteraktive Umsetzung sowie Nachbereitung sind entscheidend für den gewünschten Spirit. Internationale Impulsgeber sollen weniger als Keynote-Sprecher und mehr als Austauschpartner auf Augenhöhe gewonnen werden.

Der WeQ Economy Congress soll ein Ausgangspunkt für dort entwickelte und beginnende regionale und themenbezogene Initiativen und Projekte sein sowie in einer noch zu vereinbarenden Regelmäßigkeit einen Treffpunkt zum Austausch und zur gemeinsamen Weiterentwicklung der Initiative bieten.

3. WeQ Learning –
Etablierung einer neuen Einrichtung zur Begleitung von Menschen und Organisationen auf ihrem Weg in die WeQ Economy

Ohne ein neuartiges Begleitangebot für Menschen und Organisationen kann ein Transformationsvorhaben wie bisher beschrieben nicht gelingen.

Die Basis bildeten unter anderem aktuelle Forschungen von Otto Scharmer, Frederick Laloux, Rüdiger Fox sowie die Beobachtung erfolgreicher Best Practices einer bereits existierenden WeQ Economy. Daraus entstanden sieben Lernansätze mit besonders hoher Hebelwirkung zugunsten der radikal veränderten Anforderungen von Arbeiten und Lernen im 21. Jahrhundert. Sie werden in Impuls-, Workshop- und Trainingsformaten vermittelt. Wir nennen diese sieben Interventionsräume neuen Lernens und Wirkens WeQ Spaces:

- **Insight Space:** Ein dauerhaft zu vollziehender Lernschritt ist die permanente Weiterentwicklung unserer Achtsamkeitskompetenzen. Und zwar sowohl was unsere Achtsamkeit gegenüber Menschen angeht als auch gegenüber Werten, gegenüber individueller und kollaborativer Potenzialentfaltung sowie gegenüber Konzepten, die unser Verständnis für die Welt und unsere konkreten Aufgaben (zum Beispiel in Organisationen) vertiefen und voranbringen. Achtsamkeit wird bereits vielerorts als die neue Schlüsselkompetenz in komplexen, unsicheren und unvorhersehbaren Zeiten erkannt. Gleichzeitig ist das Verständnis hierfür noch sehr fragmentiert, also auf wenige Elemente eines ganzheitlichen Achtsamkeitsansatzes fokussiert. WeQ Learning macht es sich zur Aufgabe, ihr eigenes ganzheitlich orientiertes Verständnis durch einen 360-Grad-Blickwinkel und ein entsprechendes Netzwerk permanent voranzutreiben. In diesem Sinne entwickelten wir unter anderem »InSight« als eine bewusst basale Meditationsform, die meditative Achtsamkeit mit den WeQ-Werten und Prinzipien verbindet.

- **Digital Space:** Wenn der digitale Raum klug genutzt wird, setzt er unvorstellbar mächtige Potenziale frei. Er ermöglicht uns Lernvernetzung wie in einer Art »Weltgehirn«, wie Peter Russell es nannte. Er stärkt die individuelle Souveränität jedes Menschen, weil jeder jederzeit genau das lernen kann, was er aktuell für seine Weiterentwicklung braucht und wünscht. Und er stärkt die Kollaborationsmöglichkeiten und -kompetenzen jedes Menschen massiv.

- **Team Space:** Überall, wo eine neue Qualität von Teamarbeit entstanden ist, führt diese unweigerlich zu einer neuen Dimension von Arbeitsergebnissen. Im Bereich der Innovationsentwicklung ist die Teamarbeit von Design Thinking ein Beispiel, das für die wegweisenden Durchbrüche im Silicon Valley verantwortlich zeichnet und inzwischen weltweit zum neuen Maßstab für Innovationsprozesse geworden ist. Von klassischen mittelständischen Unternehmen wie Gutmann Aluminium Draht in Weißenburg bis zur weltweit agierenden Bosch AG multiplizieren sich die Beispiele für eine erfolgreiche Transformation ganzer Unternehmen auf dem Grundprinzip von agilen »Teams of Teams«. Dasselbe gilt für Teamlearning-Ansätze zur Fortbildung in Unternehmen. WeQ Learning bietet in direkter Zusammenarbeit mit Vordenkern und namhaften Pionieren zielführende Begleitung an der jeweiligen Praxisfront von Lernen, Innovations- und Organisationsentwicklung.

- **Best Practice Space:** Wer wissen möchte, wie Silicon Valley funktioniert oder Dark Horse in Berlin, der sollte es am Ort des Geschehens persönlich erspüren. Wer verstehen und erleben will, wie anders, nämlich selbstständiger, schneller und tiefer, Menschen lernen können, wird es an Orten verstehen, wie Frederick Laloux sie in seiner Studie »Reinventing Organizations« beschrieb oder Sven Franke in seinen »Augenhöhe«-Filmen dokumentierte. Reales, nicht virtuelles Eintauchen, Deep Dive, gelingt durch Vertiefungsreisen, Exkursionen und authentische Berichte der »Changemaker«.

- **Transformation Space:** Wie massiv digitale Tools, Apps usw. die Welt des Arbeitens, Lernens und Lebens verbessern können, ist heute jedem bewusst. Welche Verbesserungen die sich ebenso kreativ und rasant entwickelnde Welt analoger Tools auf der persönlichen, sozialen und der Organisationsebene bewirken können, welche Hebelwirkungen noch entdeckt und genutzt werden können, ist deutlich weniger erschlossen. Scrum und Design Thinking sind heute den meisten Organisationen bekannt, aber wer weiß beispielsweise, dass und wie die Heiligenfeld Group oder SAP Achtsamkeitsangebote für ihre Mitarbeiter einführten und welchen bahnbrechenden Erfolg in Form von signifikant mehr Motivation und weniger Krankheitszeiten das zur Folge hatte? Oder wie Google und auch deutsche Mittelständler die Visions- und Kreativitätskompetenz in ihrem Unternehmen revolutionierten? Die Welt der damit verbundenen analogen personalen, sozialen und organisationalen Tools gleicht einem noch zu entdeckenden neuen Planeten.

- **Prototyping Space:** WeQ Learning arbeitet in kollaborativen Teamformaten, um mit den Teilnehmenden konkrete Herausforderungen in Lösungsideen zu verwandeln und diese zur Umsetzung zu bringen.

- **Creative Space:** Der digitale Schwerpunkt auf der einen Seite verlangt auf der anderen Seite nach einer gleichwertigen Aufmerksamkeit für die Entwicklung der analogen, realen Räume unseres Lebens, Lernens und Arbeitens. Erst beides zusammen ergibt einen geeigneten Rahmen für eine Kultur der umfassend kollaborativen Intelligenz. Das WeQ-Learning-Team kooperiert daher mit kreativen Partnern aus realen kollaborativen Lern- und Arbeitsorten.

4. WeQ Hubs – Entstehung von WeQ-Economy-Zukunftslabs mit co-kreativer Prozessbegleitung

In kollaborativen WeQ Hubs finden multidisziplinäre Teams die Haltung, die Raumbeschaffenheit, die Prozessqualität und die Werkzeuge für das Gestalten von Innovationen im Sinne einer WeQ Economy.

Wir bezeichnen, was dort passiert, als *WeQubator*: ein co-kreativer Prozess, in dem Visionäre, Spielveränderer und Herausforderer einer Region, eines Unternehmens oder aus den vier »Communities of Change« zusammenkommen, um zukunftsweisende Prototypen und Modelle von WeQ-Economy-Projekten und Unternehmungen zu entwickeln.

Als Realisierungspartner konnten wir bisher Social Impact unter der Leitung von Norbert Kunz und die Akademie für Potenzialentfaltung von Gerald Hüther gewinnen.

5. Deep Dives –
Inspiration durch die Begegnung mit
WeQ-Economy-Pionieren

Junge und jung gebliebene Menschen mit Unternehmergeist zugunsten einer sozialinnovativen und nachhaltigen Zukunft sind die Potenzialträger für die Gestaltung einer WeQ Economy. Bei der Entscheidung, aktiver Mitgestalter der WeQ Economy zu werden, können generationenübergreifende Begegnungen mit Vorbildern und Projekten des Wandels inspirierend und impulsgebend wirken. Die WeQ Economy Initiative sieht darin einen ihrer Schwerpunkte.

6. WeComs –
beispielgebende WeQ-Economy-Unternehmen
selbst ins Leben rufen

Die Entstehung von potenziellen Leuchtturmunternehmen, die möglichst viele Aspekte des WeQ-Denkens so umsetzen, dass sie der Gesellschaft sowie bestehenden Unternehmen und Gründungswilligen im Rahmen einer WeQ Economy ein Vorbild sein können, ist besonders erstrebenswert. Zum Zeitpunkt der Drucklegung dieses Buches befassen sich die Initiatoren bereits mit mehreren vielversprechenden Projekten dieser Art.

7. WeQ Economy Community –
Vernetzung von Akteuren und Interessierten

Es ist ein zentraler Bestandteil der WeQ Economy Initiative, eine stark vernetzte Community aus vorbildlichen und lernmotivierten Unternehmen und politischen, wissenschaftlichen und zivilgesellschaftlichen Akteuren aufzubauen. Hierzu sind unter anderem regionale Treffen und virtuelle Formate wie Online-Summits und Onlinekurse geplant. Ferner sollen sich themenbezogene Teams bilden.

Entscheidend ist auch die Entstehung einer losen Gemeinschaft von Forschern, Wissenschaftlern und Instituten, die sich in ihrer wissenschaftlichen Arbeit für eine zukunftsfähige Ökonomie einsetzen – und an der schrittweisen Vertiefung von deren Grundverständnis arbeiten. Auch hierfür sind einige wichtige Grundlagen bereits gelegt.

Offene Gestaltung

Das skizzierte Konzept von sieben Aktionsfeldern für die solide Grundsteinlegung und Entfaltung der WeQ Economy Initiative ist nicht in Stein gemeißelt, sondern lediglich ein möglicher Weg, der aus unterschiedlichsten Erfahrungen in den »Communities of Change« geboren ist.

Die tatsächliche Entwicklung wird sich dem weiteren Verlauf der Team- und Community-Bildung der Initiative entsprechend ergeben.

Systemisch innovativ und wettbewerbsneutral

Ökosoziale Problemlösungen

>> Das ist der Einstieg in eine weltweite
ökosoziale Marktwirtschaft. <<

Lothar Späth

Der Weg für einen gesamtsystemischen Durchbruch von Economy zur WeQ Economy wurde von vielen Pionieren und Visionären seit langer Zeit vorgedacht und vorbereitet. Deren Geschichte zu erzählen würde ganze Bibliotheken füllen. Wir beschränken uns hier auf einige Beispiele, über die der Autor dieses Buches aus eigener Bekanntschaft und Mitwirkung berichten kann. Es sind Beispiele, die im Fortgang der WeQ Economy Initiative eine besonders wertvolle Rolle spielen könnten.

Den in der Kapitelüberschrift zitierten Satz wählte Lothar Späth, um 1997 in der Frankfurter Paulskirche zwei sozialinnovative Unternehmer zu würdigen, die nach seinen Worten »eines Tages als zwei der größten Sozialreformer« in die Geschichte eingehen könnten. Über ihre jeweilige Sozialinnovation und erst recht über die *Verknüpfung* dieser beiden Sozialinnovationen sagte er: »Das ist der Einstieg in eine weltweite ökosoziale Marktwirtschaft«, nachdem »die sozialpolitische Flankierung einer globalisierten Marktwirtschaft« zwar schon »längst überfällig« war, aber tragischerweise »noch nicht stattgefunden hat«. In den Konzepten und Projekten dieser beiden Sozialreformer sah er die idealen und im notwendigen Maße wirkungsmächtigen »Wegweiser für eine weltweite soziale Marktwirtschaft im Prozess der Globalisierung«.

Der eine war Muhammad Yunus, der neun Jahre später mit dem Friedensnobelpreis ausgezeichnet wurde. Der andere war Huschmand Sabet, der ein Konzept entwickelte, mit dem die Wirtschaft vom Bremser zum stärksten Antriebsmotor für die Lösung grundlegender sozialer wie ökologischer Herausforderungen werden kann. Dies wird ermöglicht durch Lösungen, die sich durch das Merkmal »wettbewerbsneutral« auszeichnen, wodurch das wirtschaftliche Handeln unmittelbar mit der Verwirklichung auch sehr weitreichender sozialer und ökologischer Ziele verknüpft werden kann.

Soziale Probleme durch soziale Innovationen und Social Businesses lösen

Mit seinem bahnbrechenden Erfolgsbeispiel der ersten wirkungsvoll die Armut überwindenden »Bank für die Ärmsten«, Grameen, ermutigte Muhammad Yunus seit etwa Mitte der 1990er-Jahre das weltweite Aufblühen einer neuen Szene von »sozialen Innovatoren«. Soziale Innovationen, deren Zweck die Lösung von gesellschaftlichen Problemen ist, werden inzwischen als mindestens ebenso wichtige Innovationsform anerkannt wie technologische Innovationen. Die Bundesforschungsministerin Anja Karliczek stellte die Bedeutung beider in ihrer Eröffnungsrede beim Forschungsgipfel 2018 ganz bewusst auf eine Ebene: »Wir brauchen technologische und *soziale Innova-tionen*, um die Spaltung der Gesellschaft zu überwinden. Die Zukunft liegt im WIR.«

Bei seiner Rede anlässlich der Entgegennahme des Friedens-nobelpreises 2006 erläuterte Muhammad Yunus dann ein noch grundlegenderes Konzept, das er aus seinen Erfahrungen mit den bis dahin bereits mehr als einem Dutzend Grameen-Unter-nehmen fortentwickelte: Er rief dazu auf, »Social Businesses« zu gründen, deren einziger Zweck es ist, ein gesellschaftliches Pro-blem zu lösen und dabei trotzdem *wirtschaftlich selbsttragend* zu arbeiten. Die Grameen Bank und alle anderen Grameen-Unter-nehmen waren demnach nicht nur soziale Innovationen, son-dern schon Social Businesses. Bis heute wurden weltweit Zehn-tausende von Social Businesses gegründet, die alle nach dem Prinzip arbeiten, soziale Probleme mit unternehmerisch funk-tionierenden Konzepten zu lösen. Ein neuer Typus von Inves-toren in Social Businesses erhält die eingesetzten Einlagen nach erfolgreichem Geschäftsaufbau wieder vollständig zurück. Die Geldgeber verzichten aber bei dem Konzept von Social Busines-ses bewusst auf Rendite. Ein Social Investor kann dieses Geld immer wieder in neue Social Businesses investieren, die sich wiederum nach einer Anlaufzeit selbst finanzieren. Damit ent-stehen an vielen sozialen Baustellen immer neue Sozialunter-nehmen, die nicht von permanenten Spendenflüssen abhängig sind. Immer mehr Sozialinvestoren bilden derartige Social Busi-ness Fonds und treiben damit die zweite revolutionäre Idee von Muhammad Yunus weiter an.

Soziale und ökologische Problemlösungen durch wettbewerbsneutrale Abgaben finanzieren oder durch wettbewerbsneutrale Standards und Maßnahmen umsetzen

Huschmand Sabet entwickelte eine Idee, die in der Weltwirtschaft eine systematische und nachhaltig wirksame Finanzierungslogik für soziale Innovationen und Social Businesses etablieren kann. Ursprünglich suchte er nach einer Lösung für das Problem der Kinderarbeit in der Teppichindustrie in Herstellerländern. Sein Konzept: Die Händler in Europa sollten eine ungewöhnliche Art von Lobbyarbeit betreiben. Und zwar für die EU-weite Einführung einer Entwicklungsabgabe in Höhe von zwei Prozent auf den jeweiligen Importwert. Dieses Geld sollte in Kooperation mit Hilfswerken und mit sozialen Innovatoren (wie beispielsweise Grameen) dafür eingesetzt werden, die Ursachen der Armut in den Herstellerländern effektiv und schnell zu beseitigen.

Der Weg über eine solche zweckbezogene Importabgabe bei der Einfuhr in die EU wäre einfach und nahezu bürokratiefrei und zudem auch vollständig wettbewerbsneutral, weil alle Importeure und Händler in gleicher Weise betroffen wären. Das damit generierte Geld stünde bereit, um genau dort eingesetzt zu werden, wo es am dringendsten benötigt wird, nämlich um Armutskreisläufe zu überwinden und Armutsursachen zu beseitigen. Zwei Prozent vom Umsatzwert beim Import haben durch den unmittelbaren Einsatz an der Armutsfront einen vielfach höheren Wert. Gleichzeitig wirkt sich eine solch niedrige Entwicklungsabgabe auf den Ladenpreis von Teppichen in europäischen Läden so marginal aus, dass die Kunden dies faktisch gar nicht registrieren. Und trotzdem könnten sie zu Recht das Bewusstsein haben, in den Knüpfländern effektiv zur Beseitigung der Armut beizutragen.

Huschmand Sabet konnte tatsächlich viele der führenden Importeure in Europa für seine Idee gewinnen. Mit ihren verbindlichen Unterschriften traten sie dafür ein, dass die EU eine solche Entwicklungsabgabe umsetzt und dass damit die Finanzierung der notwendigen Maßnahmen gegen die Ursachen von Armut in den Teppichregionen der Armutsländer erfolgt. Um die Ernsthaftigkeit ihres Anliegens zu unterstreichen, gründeten sie parallel zu ihrer ungewöhnlichen Lobbyarbeit bereits einen Verein, Care & Fair, in den sie ein Prozent vom Importwert ihrer Waren einbezahlten und damit geeignete Projekte zur Beseitigung der vielfältigen Ursachen von Kinderarbeit finanzierten.

Bei einer Anhörung von Wirtschaftsexperten in Bonn meinte jemand, der »komparative Vorteil der niedrigen Löhne« der Teppichknüpfer dürfe nicht gefährdet werden. Die Nachfrage, wie dies eine Entwicklungsabgabe in Höhe von zwei Prozent schaffen könne, wo die permanenten normalen Kursschwankungen und sonstigen Marktgeschehnisse weit höher ausschlagen, blieb unbeantwortet. Ebenso die Frage, welche Beispiele es dafür gebe, dass die Überwindung der Ursachen von Armut eine Ursache für Armut sei.

Der Verein Care & Fair ließ sich allerdings von Gegenwind dieser Art beeindrucken. Von den Hilfswerken gab es sehr unterschiedliche Reaktionen von sachlich fragwürdigen Ablehnungsargumenten bis zur Übernahme des Ansatzes in eigenen

Projekten oder zur Forderung, dass solch ein Ansatz bei Produkten in konkreten Branchen Anwendung finden sollte.

Huschmand Sabet erweiterte seinen Vorschlag zu einer allgemeinen Chancenabgabe und rechnete vor: Bei einer Abgabe von zwei Prozent auf den Importwert würde sich der Benzinpreis an der Zapfsäule um 0,2 Cent erhöhen, also beispielsweise von 1,30 Euro auf 1,302 Euro pro Liter, bei Bananen um 0,3 Cent pro Pfund. Der Verein Terra One World Network, den der Autor Mitte der 1990er-Jahre gründete, setzt sich für diese und weitere Ideen ein, die wie Vorläufer der jetzigen WeQ Economy Initiative wirken. Der Anteil von fairem Handel hätte sich dadurch schnell und einfach von wenigen Prozent auf 100 Prozent erhöhen lassen, weil Fair-Trade-Label erfahrungsgemäß selbst nach Jahrzehnten nur relativ kleine Segmente des Marktes abdecken, aber wettbewerbsneutrale Fair-Trade-Abgaben per se den gesamten Markt erfassen. Für den gesamten Handel hätte eine solche Abgabe nicht das geringste Problem dargestellt, da sie wettbewerbsneutral wäre.

Viele renommierte Vordenker unterstützten die Idee und erkannten den Wert wettbewerbsneutraler Konzepte. Die vielleicht überraschendste Übernahme war diese:

Die 24 CEOs großer internationaler Konzerne von ABB über Cisco, E.ON, Ford und Siemens bis Swiss Re, Toyota und Vattenfall wandten sich beim Weltwirtschaftsforum 2015 in Davos mit der gemeinsamen Erklärung »Global Warming Action« an die G8-Staaten. Sie gestanden zunächst ein, dass sie sich bislang zu wenig verantwortungsvoll in Sachen Klimaproblem verhalten hätten. Sie erkannten an, dass ein weitreichendes globales Klimaregime erforderlich ist, um die Klimaerwärmung wenigstens auf ein gerade noch erträgliches Maß von zwei Grad Celsius zu begrenzen. Der Kern ihres Aufrufs an die politischen Führer der G8-Staaten war: Beschließt ohne Zögern und ohne Einschränkung alles, was erforderlich ist. Aber lasst eure Konzepte *wettbewerbsneutral* sein.

Die Unterzeichner dieses Aufrufs konkretisierten die Qualität der Wettbewerbsneutralität einer wirksamen globalen Klimapolitik wie folgt: Als Erstes muss die Politik weltweit *verbindlich* festlegen, auf welches Maß die Emissionen begrenzt werden müssen, um das Klimawendeziel erreichen zu können. Dies ist wichtig für die Verlässlichkeit politischer Vorgaben. Als Zweites muss der höchst komplexe Flickenteppich von endlos vielen und sich teilweise völlig widersprechenden nationalen Maßnahmen zur Klimapolitik überwunden werden. Erforderlich ist die »Sicherstellung *gleicher, global gültiger Rahmenbedingungen*«. Dies ist unverzichtbar für die Entscheidungssicherheit global agierender Unternehmen. Als Drittes muss sich die Politik *langfristig* festlegen, sowohl bezüglich der Zielvorgaben als auch der Rahmenbedingungen und der zentralen Mechanismen, mit welchen die Ziele erreicht werden sollen. Dies braucht man für eine langfristige Investitionssicherheit. Gerade bei Energieunternehmen bewegen sich Investitionsentscheidungen oft im Milliardenbereich. Hier ist es unternehmerisch nicht zu verantworten, das Risiko von Milliardenfehlinvestitionen einzugehen. Umgekehrt ist es aber kein Problem, für die Umwelt wie für die Investoren weitreichende Entscheidungen zu treffen, wenn diese *langfristig kalkulierbar* sind. Als Viertes schlugen sie die Kombination eines global wirksamen Klimaregimes mit einer insgesamt *nachhaltigen globalen Entwicklungsstrategie* vor, bei der die Überwindung der Armut und letztlich die Überwindung der Nord-Süd-Kluft im Zentrum stehen müssten. Eine »umfassende Agenda für nachhaltige Entwicklung« ist aus Sicht der 24 damals unterzeichnenden CEOs der beste Rahmen und die beste Rahmenpolitik, weil sich dann eine aufholende und sozial gerechte Entwicklung und eine ökologische Wende wechselseitig verstärken könnten.

Sie forderten im Endeffekt nichts weniger als den Einstieg in eine handlungsfähige, global verantwortliche Politik und einen ökosozialen Ordnungsrahmen der Weltwirtschaft. Letztlich wollten sie eine *globale* ökosoziale Marktwirtschaft. Mit dem Gedanken einer wettbewerbsneutralen Lösung wagten sie sich so weit vor wie wohl kaum je Wirtschaftsvertreter vor ihnen. Sie gingen sogar über das hinaus, was Engagierte der Zivilgesellschaft bis dahin auch nur zu hoffen wagten. Ein derart mutiger Aufruf wurde wahrscheinlich deshalb von Politik und Zivilgesellschaft nicht sogleich ernst genommen, wie es sein Inhalt eigentlich gebieten müsste, weil man seine weltverändernde Bedeutung nicht so schnell einordnen und nicht glauben konnte, dass ein solcher Vorstoß ausgerechnet aus der Wirtschaft kam.

Entscheidend ist: Als *einziges Kriterium,* das bei allen Konzepten in Richtung einer mutigen, global verantwortlichen Rahmengestaltung erfüllt sein muss, nennen die Unternehmen die *Wettbewerbsneutralität.* Die Erklärung der 24 Weltwirtschaftsführer ist daher in der Tat als revolutionär und historisch einzustufen. Sie zeigt, was auch und gerade mit der Wirtschaft möglich ist, wenn wir lernen, in der Kategorie Wettbewerbsneutralität zu denken.

Die Idee, wettbewerbsneutrale Lösungskonzepte für öko-soziale Herausforderungen zu entwickeln und so lange zu pro-moten, bis sie den Weg zur Umsetzung finden, inspirierte unter anderem auch den Stuttgarter Unternehmensberater für inter-nationalen Handel Georgios Zervas. In Zusammenarbeit mit dem Autor dieses Buches entwickelte er ein Konzept für die Ein-führung eines globalen Mindestlohns von zunächst einem Dol-lar pro Stunde. Dazu wurde auch ein sehr ausführlich begrün-deter und erläuterter Vorschlag in »Die 1-Dollar-Revolution. Globaler Mindestlohn gegen Ausbeutung und Armut« veröf-fentlicht. Es wird darin aufgezeigt, dass sich das Einkommen der Allerärmsten zum Beispiel in Bangladesch praktisch über Nacht um das Zwei- bis Dreifache erhöhen würde, während der Preis für eine Jeans in Läden hierzulande um gerade einmal 30 Cent ansteigen würde.

Ein globaler Mindestlohn wäre zudem das wohl wirksamste Mittel zur Beseitigung der wesentlichsten Fluchtursachen. Denn wer würde noch aus seiner Heimat fliehen wollen, wenn sich dort die Lebens- und Zukunftsbedingungen schnell und effek-tiv verbessern würden?

Die Segnungen des Mindestlohns würden also nicht nur die Ärmsten und Abgehängten der Welt betreffen, auch die reiche-ren Länder würden profitieren. Vermutlich würden sogar deren Gesamtausgaben unter dem Strich erheblich reduziert, denn wir geben derzeit sehr viel mehr Geld für Abgrenzung und ver-meintliche Sicherheit aus, als nötig wäre, wenn wir durch die einfache Maßnahme einer Einführung eines globalen Mindest-lohns mehr für die soziale Sicherheit in den Armutsregionen der Welt ausgäben.

Einzuführen wäre ein globaler Mindestlohn am sinnvollsten über die Welthandelsorganisation. Aber auch ein zweiter Weg wäre denkbar und wirkungsvoll: Die EU könnte den Beschluss fassen, nur noch Importe zuzulassen, die auf der Basis einer globalen Lohnuntergrenze hergestellt wurden. Kein Hersteller und kein Händler würde einen so großen Markt wie die EU verlieren wollen und würde daher für die Einhaltung eines derartigen Mindestlohns sorgen.

Ernst Ulrich von Weizsäcker meinte zu den Vorschlägen aus »Die 1-Dollar-Revolution«, das 2016 als »Zukunftsbuch des Jahres« ausgezeichnet wurde: »Wer da noch sagt, das sei ›nicht bezahlbar‹, ist ein schlimmer Schwindler.« Eine Petition, die wir Entwicklungsminister Gerd Müller übergaben, erreichte in kurzer Zeit mehr als 50.000 Unterstützer. Gerd Müller zeigte sich interessiert. Wir stellten uns jedoch auf eine längere Zeit bis zum Erreichen des Ziels ein.

Doch dann geschah etwas, was man fast als ein Wunder bezeichnen kann. In den zweieinhalb Jahren nach dem Start unserer Initiative erhöhte sich der Mindestlohn für die mehr als 10.000 Textilarbeiterinnen in Bangladesch bis Anfang 2019 von 0,30 auf 1,10 Dollar pro Stunde, also fast um den Faktor 4. Die Ursache waren lang anhaltende Proteste einschließlich Straßensperren an den Verkehrsadern der Hauptstadt. Mit diesem Durchbruch war das letzte Argument gefallen, dass eine derartige Erhöhung des Mindestlohns für die rund eine Milliarde Arbeitssklaven weltweit eine Utopie sei. Nun bleibt die Frage, ob wir abwarten wollen, bis sich die Kunde aus Bangladesch von selbst weltweit verbreitet und überall ähnliche Kämpfe aufflammen, oder ob wir zügig einen *wettbewerbsneutralen* und global flächendeckenden Mindestlohn einführen. China schlug diesen Weg schon vor längerer Zeit ein, was dort zu mehr als 300 Millionen deutlich kaufkräftigeren Konsumenten führte und die Weltwirtschaft insgesamt belebte.

Auch die ursprünglich von Sabet stammende Idee einer Entwicklungsabgabe wird in »Die 1-Dollar-Revolution« wieder aufgegriffen – mit der kleinen Abwandlung, dass die Einführung einer weltweiten einprozentigen Zusatzmehrwertsteuer gefordert wird, die in einen »Global Goals Fund« fließen soll. Damit sollte die Agenda, die die Weltgemeinschaft 2015 einstimmig unter dem Namen »Global Goals« beziehungsweise »Sustainable Development Goals« verabschiedet hat, verlässlich und erfolgreich auf gut und nachhaltig finanzierter Basis umgesetzt werden. Denn bis heute liegt für die Sustainable Development Goals keine klare und gesicherte Finanzierung vor.

Ein Motor, der aus der Armut führt – und zur Energiewende

Huschmand Sabet finanzierte aus seinen unternehmerischen Tätigkeiten neben konzeptionellen Initiativen wie die für eine wettbewerbsneutrale Entwicklungsabgabe unter anderem eine Privatuniversität, die sich mit globalen Lösungen beschäftigte, ein Umweltpilotprojekt in Nepal und das Forschungsinstitut seines Bruders Huschang Sabet. Dieser arbeitete an der Vision eines »Motors aus der Armut«, was sowohl wörtlich als auch im übertragenen Sinne gemeint war.

Huschang Sabet entwickelte eine völlig neue Generation von Motor, begleitet unter anderem von dem früheren Entwicklungschef von Mercedes-Benz, Dietrich Gwinner. Er verabschiedete sich vom Prinzip des Kolbenmotors und ersetzte ihn durch eine alternative Variante des Rotationsprinzips, quasi eine geniale Kombination von Hubkolben- und Wankelmotor. Das Ergebnis: eine wesentlich einfachere Herstellung, eine erheblich gesteigerte Effizienz und Langlebigkeit und auch sonst rundum signifikante Qualitätsverbesserungen – und zwar zu einem Bruchteil der Kosten bisheriger Motoren. All diese Kriterien waren Huschang Sabet wichtig für sein großes Ziel: Dieser Motor sollte es auch armen Menschen ermöglichen, Motorkraft einzusetzen – für einen beschleunigten Ausstieg aus der Armut.

Auf einem Treffen 2008 am Rande des zweiten Vision Summits, an dem Muhammad Yunus als Hauptredner teilnahm, unterbreiteten Huschmand und Hafez Sabet Muhammad Yunus das Angebot, den Sabet-Motor über seine Grameen-Social-Business-Firmengruppe lizenzfrei für sein Heimatland im Rahmen seines Social-Business-Ansatzes zu vermarkten. Damit wollten die Sabets zeigen, wie nahe sie sich der Social-Business-Idee von Yunus fühlten und wie gut diese Verbindung zum Schlüsselmotiv des Entwicklers Huschang Sabet passte, einen »Motor aus der Armut« in die Welt zu bringen. Muhammad Yunus war begeistert von der Konstruktion und den Eigenschaften des Motors und willigte von Herzen gerne ein. Nicht zuletzt, weil es gerade auch »in einem Entwicklungsland wie Bangladesch ein enormes Potenzial für den Einsatz dieses Motors« gebe: für die dezentrale Energieversorgung in den ländlichen Regionen, für die Bewässerung in der Landwirtschaft, zur Meerwasserentsalzung und anderes mehr. Durch die Verknüpfung mit

Kleinkrediten seiner Grameen Bank ließe sich eine ähnliche landesweite Dynamik entfalten wie mit den Solar-Home-Systemen. Nach der Vermarktungsreife sollte diese Vereinbarung gemeinsam umgesetzt werden.

Der Sabet-Motor hat neben den bisher genannten noch einen weiteren gewaltigen Vorteil. Er kann sich erheblich leichter als andere Konstruktionen an unterschiedliche Antriebsstoffe anpassen. Besonders interessant ist Wasserstoff als Alternative zu nicht regenerativen Treibstoffen. Im Augenblick wird in der öffentlichen Diskussion auf Elektromotoren gesetzt. Neben Kraftstoffen aus heranwachsenden Rohstoffen halten Experten jedoch Wasserstoff für eine Option, die sich letztlich als die beste herausstellen könnte. Einige Erfindungen der jüngsten Zeit tragen dazu bei, dass zum Beispiel Toyota ganz bewusst auf Wasserstoff als »emissionsfreien Kraftstoff der Zukunft« setzt, und auch andere Autobauer folgen diesem Beispiel. Dafür könnte dann auch die vorhandene Tankstelleninfrastruktur mit einer einfachen Ergänzung genutzt werden, ohne dass ein neues, andersartiges Versorgungsnetz aufgebaut werden müsste.

Eine absolut aktuelle und sofort nutzbare Einsatzmöglichkeit des Sabet-Motors wäre, ihn in rein elektrisch angetriebenen Fahrzeugen als sogenannten Range Extender einzusetzen. Das bedeutet, der Sabet-Motor inklusive Generator lädt die Fahrzeugbatterie während der Fahrt auf. Der Platzbedarf ist gering, und dem könnte im Übrigen auch die inzwischen mögliche Gewichtsreduktion der Batterien zupasskommen. Die Reichweitendiskussion wäre beendet.

Der Sabet-Motor erfüllt damit nicht nur seine Zielrolle eines »Antriebs aus der Armut«, sondern auch eines »Motor aus der

CO_2-Falle«, denn Wasserstoff hat null Emissionen. Experten sehen im Sabet-Motor die vielleicht bedeutendste Sprunginnovation im Motorenbereich seit mehr als 100 Jahren.

Er stellt mit all seinen Aspekten und Potenzialen einschließlich der Art, wie er am Markt vertrieben werden soll, den Prototypen für ein neues Verständnis von Wirtschaft im Sinne von WeQ Economy dar.

Die Umkehrung der Schuldenlast zwischen Nord und Süd und eine neue Sicht auf den Umgang mit den Rohstoffen der Welt

Ein weiteres Schlüsselproblem der bis heute extrem ungleich entwickelten Weltwirtschaft und Globalisierung packte Hafez Sabet, der Sohn von Huschmand Sabet, mit seiner Abschlussarbeit an der European Business School an. Er verarbeitete diese zur Publikation des Buches »Die Schuld des Nordens. Der 50-Billionen-Coup«, das 1991 im Horizonte Verlag erschien.

Die These des Buches hätte kaum brisanter sein können: Nicht der Süden schulde dem Norden 1,3 Billionen Dollar (Stand 1991), sondern der Norden dem Süden 50 Billionen. Hafez Sabet wies zunächst die in der Volkswirtschaft unterstellte und in der Praxis angewandte Grundannahme zurück, dass die Länder der sogenannten Dritten Welt für ihre wirtschaftliche Situation selbst verantwortlich seien. Diese Annahme sei im Angesicht der Geschichte von Kolonisierung und Unterjochung unmöglich ernsthaft aufrechtzuerhalten. Er argumentierte dann: Was die Länder des Nordens selbst als »gerechte« und »faire« Austauschverhältnisse ansehen, erschließe sich aus den Austauschverhältnissen von Waren und Dienstleistungen und den damit gesetzten Werten zwischen den wohlhabenden Ländern. Auf dieser Grundlage stellte er für den Zeitraum von 1956 bis 1990 die Nettoressourcenflüsse zwischen Norden und Süden einander gegenüber, einschließlich der sich daraus ergebenden völligen Neubewertung von »gerechten« Zinsflüssen, und kam so auf die genannte Schuldensumme des Nordens – wie gesagt, lediglich für den kurzen Zeitraum von 35 Jahren.

Er leitete daraus dann eine Liste sehr konkreter und mutiger Vorschläge für eine neue, gerechtere Weltordnung ab sowie für die Behebung der einseitigen und offensichtlich unhaltbaren Schuldendiskussion. Die Sabets versandten das Buch an einige Hundert führende Persönlichkeiten aus Wissenschaft, Politik und Zivilgesellschaft. Obwohl es bewusst sachlich-nüchtern und ohne ideologischen Hintergrund geschrieben war, erwarteten sie eher von bekanntermaßen kritischen Denkern Zustimmung, aber nicht aus der Wirtschaft. Mit den zahlreichen positiven Rückmeldungen von dort hatten sie so nicht gerechnet.

Hafez Sabet erhielt – als bis dahin mit Abstand jüngster Redner beim Weltwirtschaftsforum – eine Einladung nach Davos für das jährliche Forum Ende Januar 1992, um seine Thesen vorzustellen und zu diskutieren. Im Gespräch mit dem Veranstalter Klaus Schwab stellte dieser fest, dass ein baldiges Treffen des World Economic Forum der Aufarbeitung der Nord-Süd-Kluft und insbesondere der Schuldenproblematik gewidmet werden müsse.

Auch andere zeigten sich beeindruckt. Der Wirtschaftsnobelpreisträger Jan Tinbergen meinte: »Ein exzellentes Buch. Ich teile die Meinung des Autors in allen Punkten.« Und Richard von Weizsäcker erklärte: »Die Studie widmet sich in der Tat einer der wichtigsten Zukunftsfragen der Menschheit.« Luise Rinsers Reaktion war: »Es ist ein ungemein wichtiges Buch, das selbst für jene, die schon einiges wissen, viel Neues bringt, dokumentiert und präzise formuliert.« Und schließlich untermauerte der seinerzeit bekannteste Zukunftsforscher Robert Jungk die Aussagen des Autors: »Die Lösungsansätze für eine globale Strukturreform gehen weit über bisherige Vorschläge hinaus. Die Realisierung nur eines Bruchteils der Vorschläge könnte die Nord-Süd-Problematik entscheidend entschärfen.«

Von der Globalisierung politischer Handlungsfähigkeit: Ein Erfahrungsbericht aus der Welt des Autors

Am überraschendsten war jedoch die Reaktion von Marat Vasilchuk, unter Gorbatschow und Jelzin jeweils Minister für Rohstoffsicherheit. Nach Erscheinen der russischen Ausgabe erfolgte eine Einladung des Ministers. Er eröffnete das Gespräch mit den Worten: »Wir sind tief beeindruckt sowohl von der Analyse wie auch von den Schlussfolgerungen dieses Buches. Unser Land und alle Länder der Welt brauchen dringendst die rasche Umsetzung der klugen und vorausschauenden Ideen dieses Buches.« Er schlug dann den Bogen zu seinem Thema, dem Umgang mit Rohstoffen, und meinte: Die Verwaltung der Rohstoffe seines Landes wie jene der gesamten Welt müssten dringend in die Obhut einer übernationalen Einrichtung übergehen. Nur so könne eine verantwortungsvolle Vorsorge für die nächsten Generationen getroffen werden. Er schloss seine Ausführungen mit den Worten: »Die Rohstoffe der Erde sind das Erbe der gesamten Menschheit.«

Marat Vasilchuk erwähnte noch, dass er im fünfköpfigen Ministerrat, dem Kern der Regierung, von den Vorschlägen Hafez Sabets berichten werde. Zwar hat er dies tatsächlich getan, aber die Turbulenzen jener Zeit drängten dann andere Themen in den Vordergrund der Folgeregierung.

Einige Zeit nach dem Rücktritt von Michail Gorbatschow und kurz nach Erscheinen seiner »Erinnerungen« bot sich mir die Gelegenheit, bei einem bilateralen Gespräch mit dessen engstem Vertrauten und Berater Vadim Sagladin diese Idee zu platzieren: Ich riet Vadim Sagladin, mit Michail Gorbatschow ein rasches Erscheinen eines weiteren Buches zu erwägen, in dem er oder beide ihre Sicht und Vorschläge für eine sinnvolle weitere Gestaltung der Globalisierung in die öffentliche Diskussion einbringen sollten. Wir tauschten dazu viele Ideen aus, die dann auch Eingang in jenes Buch fanden.

Eine von Gorbatschows Ideen war die konsequente Demokratisierung der Vereinten Nationen und ihrer Sonderorganisationen. Er verband diese Idee mit der Bereitschaft, immer mehr nationale Souveränität an diese sich demokratisierende globale Instanz abzugeben. Denn er war überzeugt, dass eine sinnvolle und wirksame Gestaltung der Globalisierung nur gelingen könne, wenn mehr Entscheidungen auf globaler Ebene getroffen werden könnten und wenn diese Entscheidungsprozesse gleichzeitig auf der Grundlage bester demokratischer Prinzipien erfolgten. Ich riet dazu, genau dies zu einem der zentralen Themen seines neuen Buches zu machen. Das Buch »Das Neue Denken« erschien dann 1997 im Goldmann Verlag.

Im selben Jahr kam Michail Gorbatschow nach Frankfurt am Main. Er war der dritte Preisträger des eingangs dieses Kapitels erwähnten Preises. Die Laudatio auf ihn hielt Richard von Weizsäcker. Die Vergabe des »Planetary Consciousness Award« erfolgte durch den Club of Budapest International. Ich hatte die Freude, die drei Preisträger und die beiden Laudatoren in jenem Jahr 1997 vorzuschlagen und zu gewinnen. Gorbatschow sagte dort über Huschmand Sabets Vorschlag einer wettbewerbsneutralen Entwicklungsabgabe: »Dieses Projekt erfährt meine aktive Unterstützung.«

Gorbatschow macht sich bis heute nach seinen Möglichkeiten für seine gesamtsystemischen Perestroika-Ideen stark, die stets ein neues Grundverständnis von Ökonomie jenseits der ideologisierten Ansätze von Kommunismus und Kapitalismus beinhalteten. So veröffentlichte er 2002 »Mein Manifest für die Erde. Jetzt handeln für Frieden, globale Gerechtigkeit und eine ökologische Zukunft«, das Hans-Dietrich Genscher sehr trefflich mit den Worten würdigte: »Schon 1988 beeindruckte Michail Gorbatschow in seiner Rede vor den Vereinten Nationen durch seine weitsichtige Einforderung globaler Verantwortung für alle Lebensbereiche. Mit seinem Manifest fordert er zu Recht eine globale Perestroika des 21. Jahrhunderts.« Und 2017 schrieb Gorbatschow in seinem Appell an die Welt »Kommt endlich zur Vernunft«, den er in Zusammenarbeit mit Franz Alt publizierte: »Was man jetzt braucht, ist die Suche nach neuen treibenden Kräften und neuen Anreizen für die wirtschaftliche Entwicklung. Ein Wirtschaftssystem, das nur an Profit und Konsum ausgerichtet ist, hat sich erschöpft. Die Wirtschaft muss auf solche gesellschaftlichen Güter umgelenkt werden wie Nachhaltigkeit in der Umweltpolitik, die Gesundheitsfürsorge in weitem Sinne, Bildung, Kultur, Chancengleichheit, den gesellschaftlichen Schulterschluss, darunter auch die Beseitigung des zum Himmel schreienden Gefälles zwischen Reichtum und Elend. Die ethische Komponente dieses Wirtschaftsmodells ist wohl nicht zu übersehen. All das wird natürlich politischer Voraussetzungen bedürfen, der Rückkehr zum Neuen Denken.«

Als ich mich 1996 entschied, meine Schlussfolgerungen aus zu diesem Zeitpunkt fünfjähriger Beobachtung der verpassten Chancen im Umgang mit dem historischen Zeitfenster der Perestroika in meinem ersten Buch »Das Terra-Prinzip« zur Diskussion zu stellen, stand dieser Gedanke im Mittelpunkt: Das Kernproblem ist nicht die Globalisierung der Wirtschaft – wie viele es bis heute sehen –, sondern die Nichtglobalisierung der Politik. »Die bisherigen Konzepte und Instrumente reichen nicht aus, um eine so weitreichende neue globale Weltwirtschafts- und Weltsozialpolitik planen und beschließen, geschweige denn durchführen zu können«, so meine damalige Aussage. Dies gilt bis heute. Wir haben eine globalisierte Wirtschaft, eine globalisierte Wissenschaft und eine globalisierte Zivilgesellschaft – durch das digitale Zeitalter noch einmal potenziert im Vergleich zu 1996. Aber wir haben für die Lösung und Steuerung globaler Herausforderungen eine Politik, die man bestenfalls inter*national* nennen kann. Die Hauptmusik spielt noch immer auf nationaler Ebene. Inter*nationale* Politik findet weitestgehend als nationale Interessenwahrnehmung in transnationalen Gremien und Einrichtungen statt.

Die unvermeidliche Folge: Die Politik verliert immer mehr ihre Souveränität, was letztlich bedeutet: ihre Handlungsfähigkeit. Einer der bekanntesten deutschen Politiker der letzten Jahrzehnte vertraute mir seine folgende Einsicht an: »Wenn die Wähler wüssten, wie wenig wir Politiker noch steuern können mit nationaler Politik, würde wohl niemand mehr zur Wahl gehen.« Vielleicht ist das gegenwärtige Schauspiel von »Unser Land zuerst« und »Wir holen uns unsere Souveränität wieder zurück« einfach der Versuch, möglichst viele Wähler dazu zu verleiten, ihren Kopf weiter in den Sand zu stecken, um für die Wiederbelebung der Illusion nationaler Alleingänge in einer globalisierten Welt deren Stimmen zu erhalten.

Wir brauchen substanzielle »Weltinnenpolitik«, wie Hans-Dietrich Genscher es einmal nannte. Und wir brauchen dafür eine substanzielle Weiterentwicklung der bisher inter*nationalen* Einrichtungen wie der Vereinten Nationen zu globalen Institutionen mit hinlänglich zunehmender globaler Handlungsvollmacht. Damit unweigerlich verbunden ist, dass diese sich sehr deutlich demokratisieren müssen, wie es Gorbatschow 1988 vor der UNO vorschlug. Dafür engagierte sich auch das »Komitee für eine demokratische UNO« und dessen Nachfolgeorganisation »Democracy without borders«. Hier geht es absolut nicht um eine Konzentration von Macht auf globaler Ebene, sondern um demokratische und transparente Entscheidungsprozesse in einer Qualität, die für eine globale Ebene unumgänglich sein muss. Sie soll zudem beschränkt sein auf Handlungsfähigkeit für jene Probleme, die ohne funktionierende globale Standards nicht mehr gelöst und gesteuert werden können.

Alle anderen Themen sollten dafür so stark wie irgend möglich genau in die andere Richtung verlagert werden – auf die kommunale und regionale Ebene. Es besteht aber keinerlei Notwendigkeit, die Ebene der Nationen aufzulösen. Nur sollten wir uns bei der Entscheidung, was wo und wie am besten gehandhabt und entschieden werden soll, an das einfache Prinzip der Subsidiarität halten: Probleme löst man am besten dort, wo sie am besten gelöst werden können. Dies wussten schon die alten Chinesen und Griechen, und dies ist beispielsweise auch einer der fundamentalen Leitgedanken unseres Grundgesetzes.

Dies ist ein schwieriges Thema, gerade in der gegenwärtigen Weltsituation. Es ist aber ein Thema, das wir behandeln müssen, wenn wir auch auf der politischen Ebene wieder echte und zukunftsfähige Souveränität erreichen wollen.

Diese Beispiele können vielleicht ein Stück weit zeigen, wie viele wertvolle Erkenntnisse für die notwendigen Transformationen in Wirtschaft und Gesellschaft in unserem Denken und Handeln bereits längst vorhanden sind. Und sie können vielleicht noch viel mehr Menschen ermutigen, sich selbst auf derartige Entdeckungsreisen in die Welt unserer möglichen Zukunft zu begeben und in dieser mitzuwirken und sie mitzugestalten. Und möglicherweise können sie auch aufzeigen, mit welchen einfachen Prinzipien wir alle in ein gemeinsames Nach- und Weiterdenken von zukunftstauglichen Lösungen einsteigen können.

Es gibt längst sehr viele überraschende und oft erstaunlich einfache Lösungen für die Kernherausforderungen unserer Zeit. Es lohnt sich, hierfür sensitiv, achtsam und »erspürsam« (im Sinne von Otto Scharmer) zu werden. Wenn einem ein eigener Lernprozess authentisch, also glaubwürdig und nachhaltig wichtig ist, wird man mit offenen Ohren in jedem Gespräch zuhören, ergebnisoffen nachfragen und sich austauschen, mit bewusst sehr unterschiedlichen Menschen und Einrichtungen in eigene unmittelbare Kommunikation treten. Robert Jungk meinte einmal, ein echtes authentisches Anliegen und die eigene Suche nach guten Lösungen sind der beste Türöffner, um mit vielen spannenden Menschen in Kontakt und Austausch zu kommen.

Für meine gesellschaftlichen Ziele war es beispielsweise sehr wichtig, nicht nur mit Sozialaktivisten und sozialen Innovatoren in Austausch zu kommen, sondern auch mit Unternehmern, die authentische soziale Anliegen haben. Hier war für mich der Austausch mit Huschmand, Huschang und Hafez Sabet wie eine Offenbarung. Von ihnen habe ich am meisten über eigenständiges kreatives und mutiges Denken gelernt.

Eigenständiges Lernen heißt immer auch, sich selbst der Mühe des unmittelbaren eigenen Recherchierens zu unterziehen, wo einem dies als besonders wichtig erscheint und soweit einem dies zeitlich möglich ist. Eigenständiges Recherchieren wird dabei sehr schnell zum Hochgenuss unmittelbaren und authentischen Lernens. Recherchieren in Medien gehört hier selbstredend unbedingt dazu, kann aber nur dann wirklich lernfördernd sein, wenn wir kontinuierlich über unsere jeweils eigenen begrenzten Blickwinkel, Lieblingsmedien, Lieblingsautoren und Lieblingstheorien hinauswachsen. *Jede* Wahrnehmungsblase ist letztlich ein massives Lernhindernis und macht einen in einer derart reichen und vielfältigen Welt, in der wir leben, silomäßig nahezu blind. Sehen mit vielen Augen, Denken mit vielen Köpfen, Fühlen mit vielen Herzen ist, wie schon ausgeführt, dringende Notwendigkeit für eine neue Qualität des eigenen Lebens und für gelingendes Zusammenleben.

Dies ist keineswegs als Medienbashing gemeint, sondern als Aufruf zu bewusster, gelebter Medien- und Kommunikationsvielfalt – und zu einer darüber noch hinausgehenden Wahrnehmungsvielfalt durch eigene Anschauung und Recherche, wo einem dies wichtig genug und möglich ist.

Für mich war eine eigentlich belanglose kleine Entscheidung die Türöffnung in die Innenansicht eines historischen Wirbelsturms. Kurz nach der Lektüre von Gorbatschows Perestroika-Buch und dem Start der Perestroika 1985 entschied ich, mich in den Verteiler für alle deutschen Übersetzungen aller Reden von Michail Gorbatschow aufnehmen zu lassen. Ich sah in der Perestroika immens weitreichende Zukunftsperspektiven für die gesamte Menschheit: die Überwindung des Kalten Krieges, atomare Abrüstung, stärkere internationale Zusammenarbeit, mehr Demokratie auf allen Ebenen, die Überwindung der kommunistischen Ideologie und – last, but not least – die Weiterentwicklung eines sozialen, ökologischen und menschenzentrierten Ökonomieverständnisses.

Mit der Lektüre aller Gorbatschow-Reden war ich immer auf dem Stand der Weiterentwicklung seiner Sichtweisen und seiner konkreten Vorschläge. Parallel dazu las ich, was davon im Westen aufgegriffen oder ignoriert wurde und, wenn etwas aufgegriffen wurde, wie dies geschah. Die Beobachtungen und Erfahrungen, die ich dabei machen durfte, waren ernüchternd, oder anders formuliert: klärend für meine eigene Entscheidung, welcher Aufgabe ich mein weiteres Leben widmen wollte.

Nachdem ich den Entschluss gefasst hatte, mir die deutschen Übersetzungen aller Gorbatschow-Reden zusenden zu lassen, und als ich diese dann mit hohem Erkenntnisgewinn las, entwickelte sich mein Interesse, weitere Pioniere zukunftsrelevanter Ideen und Projekte möglichst persönlich kennenzulernen. Nach anfänglichen Hemmungen merkte ich, dass es viel leichter ist, als ich vermutete. Entscheidend war auch hier der Türöffner »authentisches Anliegen«. Die Nähe und der möglichst direkte Kontakt zu und am besten auch eine Zusammenarbeit mit einem Pionier eröffnet grundlegend neue Dimensionen von Lernen. Beispielsweise auch zu der Frage, wie dieser Agendasetting für sein oder ihr Anliegen betreibt, mit welchen Strategien und Prozessen. So ein Kontakt mit sehr unterschiedlichen Pionieren eröffnet sehr unterschiedliche Erkenntnisse über Agendasetting, Strategien und Prozesse.

Aber gleichzeitig muss man sich die Frage stellen, wer eigentlich Pioniere sind. Sind dies immer Prominente? Meine Antwort: Die Welt ist voller Pioniere. Jeder Mensch ist dann Pionier oder macht sich auf, Pionier zu werden, wenn er oder sie authentisch, also mit ernsthaftem Interesse und Anliegen, unterwegs ist. Dann kann eine bettelarme Analphabetin in einem abgelegenen einsamen Dorf in Bangladesch plötzlich die entscheidende Impulsgeberin für die Entwicklung einer Idee wie der Kleinkreditvergabe sein. Muhammad Yunus beschrieb in seinem Buch »Grameen«, dass er durch die intensive Lektüre zahlloser Lehrbücher der Wirtschaftswissenschaften keine einzige überzeugende praktische Idee für die Überwindung der Armut in seinem Heimatland und in der Welt fand. Er entdeckte den entscheidenden Impuls erst, als er das Gespräch mit Betroffenen suchte.

Meine Hoffnungsgeschichte, die ich gerne vermitteln möchte, ist also im Kern sehr einfach: Jeder kann aus seiner Lebenssituation, wo auch immer er sich gerade befindet, Changemaker werden. Jeder ist potenzieller Pionier, weil es hier lediglich um den Einstieg in eigenständiges Denken, Wahrnehmen und Lernen geht. Das Einstiegsticket dazu heißt schlicht: authentisches Anliegen für ein bewussteres Leben und Lernen. Dies erzeugt unvermeidlich pionierhafte Learnings. Entzaubern wir also all das, was uns davon abhalten könnte, Mitlerner, Mitdenker und Mitgestalter an besseren Lösungen für die kleinen, mittleren und großen Herausforderungen unserer Welt und Zeit zu werden. Und glauben wir nicht länger, dass wichtige Pionierarbeit und richtiges Changemaking Zaubereien seien, die nur diplomierten Wissensträgern und erfahrenen Experten vorbehalten seien. Die Transformation der heutigen »Economy« zu einer WeQ Economy kann nur gelingen, wenn nicht nur Experten diese vordenken, sondern wenn wir sie als unser breit angelegtes, gemeinsames und authentisches Anliegen ansehen und anpacken.

Wie einfach die entscheidenden Erkenntnisse und Wirkungsketten in Richtung einer menschlicheren WeQ Economy sind, können auch ein paar weitere kurze Bespiele zeigen.

Einer Lehrerin aus Bonn ließen die schreienden sozialen Nöte in Indien und anderen Ländern keine Ruhe. Sie hatte keine andere Qualifikation für ihr Engagement in dieser Sache als ihr authentisches Anliegen. Es reichte, um eines der größten und erfolgreichsten Hilfswerke der Welt aufzubauen – die Andheri-Hilfe. Rosi Gollmann startete ihr Engagement 1959 und ist heute, 60 Jahre später, mit ihren inzwischen 92 Jahren noch immer buchstäblich hyperaktiv und nimmt sehr viele Menschen begeisternd mit. Ihre Kreativität bereicherte die Szene der Entwicklungshilfeorganisationen mit immer neuen Ideen, Kampagnen, Lösungen und erfolgreichen Umsetzungen.

Ein Hamburger Unternehmer entdeckte für sich Anfang der 1980er-Jahre das Thema Umweltschutz und machte es zu einem persönlichen Kernanliegen. Was er bis dahin an Aktivitäten von Umweltschutzorganisationen mitbekommen hatte, empfand er zwar als richtig, wertvoll und unterstützenswert, aber als bei Weitem nicht ausreichend, dass die menschliche Gemeinschaft auf diesem Planeten lernt, umweltsauber und ökosystemerhaltend zu leben und zu wirtschaften. Seinerzeit galt fast überall die Wirtschaft als Hauptfeind eines umweltverträglichen Lebens und Wirtschaftens. Als Unternehmer fragte er sich daher: Was kann die Wirtschaft tun für ein Umlernen und Umsteuern? Sein sehr einfacher Gedanke war, dass seine Unternehmenskollegen am besten die Sprache des Geldes verstehen. Also machte er sich als Erstes auf, Ideen zu sammeln, wie Unternehmen durch ökologisch wertvolle Maßnahmen Kosten sparen konnten. Dafür gründete er 1984 auch eine eigene Nichtregierungsorganisation: den Bundesdeutschen Arbeitskreis für umweltbewusstes Management mit der schönen Abkürzung B.A.U.M. Sein Konzept ging auf. Immer mehr Unternehmen lernten freiwillig umweltbewusstes Management. Zunächst als reines Sparmaßnahmenmanagement, mit der Zeit aber auch aus anderen Gründen wie Imageaufbesserung oder Entwicklung neuer, attraktiver Geschäftsmodelle. Georg Winter, so ist sein Name, wurde mit einer scheinbar banalen Idee zum großen Türöffner für Umweltdenken in der Wirtschaft.

Ein Deutschbrasilianer namens José Lutzenberger stand irgendwann vor einer einerseits sehr erfreulichen, aber andererseits extrem hoffnungsaufgeladenen Herausforderung. Er war Umweltminister in Brasilien zu der Zeit, als die internationale Umweltcommunity in den 1980er-Jahren den Triumph errang, dass die Vereinten Nationen bereit waren, eine große Weltumweltkonferenz durchzuführen. Rio de Janeiro wurde 1992 dafür vorgesehen. Es war klar, dass es sich die gesamte Umwelt-Welt nicht nehmen lassen würde, dort dabei zu sein, um den größtmöglichen Druck auf Wirtschaft und Politik zu erzeugen. Ich selbst war sehr skeptisch, ob Rio gelingen könnte, denn Wirtschaft und Politik waren zu dieser Zeit – freundlich formuliert – noch ausgesprochen zurückhaltend, wenn es um nachhaltiges Wirtschaften und um nachhaltig wirksame Umweltpolitik ging. Meine Skepsis brachte ich damals in einem Essay zum Ausdruck, der unmittelbar zu Beginn des Rio-Gipfels in der *taz* erschien. Der Titel: »Vergesst Rio!« Ich sollte glücklicherweise nicht recht behalten. Den Grund erfuhr ich einige Zeit nach Rio bei einem Gespräch mit José Lutzenberger. Er erzählte von zwei entscheidenden Ereignissen im Vorfeld von Rio:

Bei einer Zusammenkunft von hoch motivierten und engagierten Umweltaktivisten mit für Umweltthemen offenen Senatoren in den USA berieten Letztere die Umweltaktivisten, wie sie auf bestmögliche Weise Druck auf Politiker ausüben konnten, damit diese mit politischen Vorschlägen und Initiativen reagierten. So bewegte sich »die Politik« dann doch mehr als zuvor befürchtet. Dieses Vorgehen wirkte sich nicht nur auf die Rio-Konferenz und die Umweltthematik aus. Auch die Serie großer UN-Konferenzen in den 1990er-Jahren zu Menschenrechts-, Frauenemanzipations- und anderen grundlegenden Menschheitsfragen blieb davon nicht unbeeinflusst.

Einen bedeutenden Fortschritt brachte die Idee, einen weltweit bekannten Unternehmer für die Rio-Konferenz zu gewinnen. Diese Schlüsselperson war Stephan Schmidheiny, damals Chef des Weltkonzerns ABB. Schmidheiny qualifizierte sich für diese Rolle unter anderem durch seine Pioniertat, als erster Unternehmer im Jahr 1978 bei der Eternit-Gruppe komplett auf Asbest verzichtet zu haben. Rechtzeitig zur Rio-Konferenz veröffentlichte er den Weltbestseller »Kurswechsel. Globale unternehmerische Perspektiven für Entwicklung und Umwelt« und initiierte den »World Business Council for Sustainable Management«. Dieser war maßgeblich für die anschließend sehr viel aktivere und konstruktive Mitarbeit von mehr und mehr Unternehmen zur Gestaltung einer Wende zu nachhaltigem Wirtschaften. Und diese Erfahrung motivierte umgekehrt Umweltaktivisten und umweltbewusste Gründungswillige, ihrerseits die gesteckten Umweltziele unternehmerischer zu denken – mit der Folge, dass immer mehr grüne Unternehmen gegründet wurden.

Diese Beispiele sollten uns zeigen, dass die sogenannten Realisten in Bezug auf mögliche und kommende Realitäten oft eher die Realitätsfernen sind. Und Visionäre, die man nicht mit blinden Optimisten verwechseln sollte, sind oft am nächsten an der Ermöglichung sogenannter unmöglicher Zukunftsgestaltungen dran – und zwar als hellwache *Possibilisten*. Ein Possibilist ist weder Optimist noch Pessimist. Er oder sie sucht in Chancen und Herausforderungen *gleichermaßen* hochachtsam nach dem, was man lernen und gestalten kann.

Das historische Zeitfenster

Die 2. Perestroika und eine
neue Dimension von Wohlstand

>> Jetzt geht es um die zweite Perestroika, die Perestroika
unseres Ökonomie- und Demokratieverständnisses. ‹‹

Michail Gorbatschow

Der Zeitpunkt für die Wende zu einer Wirtschaft für den
Menschen ist jetzt. Sehr viele der dafür notwendigen und die
Not wendenden Lösungen sind bereits vorhanden. Was fehlt,
ist die kohärente Umsetzung des damit verbundenen neuen
Grundverständnisses von Ökonomie als neue Hoffnungsper-
spektive eines Wohlstands für alle. In diesem Sinne haben wir
alle ganz gewiss noch sehr viel zu tun.

Entscheidend ist jetzt zu verstehen, dass wir uns gerade mit-
ten in einem historischen Zeitfenster für genau diesen Schritt
befinden. Historische Zeitfenster öffnen sich für eine relativ
kurze Zeitspanne, wenn ein machtvolles, etabliertes Hoffnungsversprechen mit seinen Konzepten und Systemen nicht länger
haltbar ist und offensichtlich durch ein anderes Hoffnungsversprechen abgelöst werden muss. In welche Richtung sich das
Pendel dann bewegt und welches Zukunfts-, Menschen- und
Wirtschaftsbild sich für die nachfolgenden Jahrzehnte durchsetzen wird, ist zunächst grundsätzlich offen. Systemforscher

bezeichnen eine solche Situation als systemische oder historische Bifurkation, als Weggabelung, an der sich die Richtung der historischen Entwicklung für eine längere Folgezeit entscheidet. Deshalb gibt es keinen wichtigeren Zeitpunkt für eine gesamtgesellschaftliche Bewegung hin zu einem zukunftsfähigen Neuen Wohlstand für alle als jenen in einem historischen Zeitfenster.

Wir sollten hier nicht nur Zuschauer, Wähler, Kommentator oder Diskutant sein, denn »der beste Weg, die Zukunft vorherzusagen, ist, sie selbst zu gestalten«, wie es der Ökonom Peter F. Drucker trefflich formulierte. Wenn wir in dieser Phase nicht für eine gute Entscheidung im Sinne einer besseren Ökonomie und eine nächste Phase der gesellschaftlichen Entwicklung sorgen, werden andere die offene Situation im Sinne ihrer Partikularinteressen entscheiden. Ob sich das gegenwärtig sichtbare »Partikularinteressen zuerst« als ein letztes Aufbäumen entpuppen oder tatsächlich noch einmal einige Zeit bestimmend sein wird, das können wir jetzt beeinflussen: durch ein sehr fundiertes, sehr überzeugendes und sehr breit getragenes Hoffnungsversprechen und ein proaktives Handeln im Sinne von »Wir zusammen im klaren Interesse für uns alle«. Sämtliche Voraussetzungen dafür, das gesamtheitliche Wohl aller als das weitaus bessere Wohl für alle zu erkennen, sind gegeben. Das Wohl, um das es jetzt gehen kann und muss, entsteht kollaborativ, ist kollaborativ und geht weit, sehr weit über die materielle Ebene hinaus.

Die neuen Dimensionen von Wohlstand

In Bezug auf die menschlichen Systeme werden wir gerade Zeuge einer Retardierung: Gruppenegoistische Denkweisen in unterschiedlichen Ausprägungen gewinnen vielerorts die Oberhand. Erstaunlich viele Menschen nehmen noch einmal Zuflucht zu einem Gerechtigkeitsverständnis, das nur »Gerechtigkeit für uns«, für die eigene Identitätsgruppe, sichern möchte, weil ihnen »Gerechtigkeit für alle« oder »Wohlstand für alle« auf globaler Ebene nicht realisierbar erscheint. Um diese Frage geht es auch in dem bereits erwähnten Buch »Gerechtigkeit. Zukunft für alle«.

Der Definitionsvorschlag für Gerechtigkeit im zwischenmenschlichen Miteinander von bilateral bis global lautet dort: Gerechtigkeit ist die Kunst, der optimalen Potenzialentfaltung jedes Menschen immer besser gerecht zu werden. Ein solches Verständnis geht sehr weit über reine »Gleichheit von Chancen« hinaus, denn es fordert uns zur offensiven Achtsamkeit für die sehr unterschiedlichen Voraussetzungen und Wege der Potenzialentfaltung jedes Menschen heraus – was nebenbei auch unsere Erkenntnisse und Fähigkeiten zur eigenen Potenzialentfaltung optimal erweitert. Gerechtigkeit im Hinblick auf Potenzialentfaltung ist somit – ebenso wie Ökosystemgerechtigkeit – ein neues systemisches Verständnis von Gerechtigkeit und Wohlstand. Der Potenzialentfaltung des Systems Mensch und des Systems Menschheit immer besser gerecht zu werden bedeutet, deren Gestaltungspotenzial optimal weiterzuentwickeln. Eine einzelne Zelle verfügt über wenig Gestaltungspotenzial ohne Verknüpfungen im Ökosystem eines Mehrzellers und erst recht im Vergleich zu den Wechselwirkungen im Ökosystem Erde. Das Gestaltungspotenzial eines Menschen erweitert sich auf jeder Stufe von Communitys, von der Familie bis zur staatlichen Gemeinschaft, und erfährt mit dem System der Menschheit und den fundamentalen Erleichterungen eines Austauschs in alle Richtungen dieses globalen sozialen Systems eine exponentielle Steigerung. Gerechtigkeit ohne die eindeutige Ausrichtung auf das Gesamtsystem Erde und auf das unteilbare Gesamtsystem Menschheit ist heute absolut unmöglich. Und auch Wohlstand ohne Ausrichtung auf die beiden Systemebenen Erde und Menschheit wird schlicht nicht mehr funktionieren: Er würde immer neue und weiter eskalierende Konflikte und unkontrollierbare katastrophale Nebenwirkungen verursachen.

Auf der Basis dieses systemisch umfassenden Verständnisses von Gerechtigkeit definiert sich auch Wohlstand anders. Wohlstand ist dann nicht einfach nur ein Gradmesser des eigenen Wohls oder des durchschnittlichen Wohls eines Landes. Wohlstand beschreibt in systemischer Sicht die dynamische Qualität unseres Umgangs mit den Teilsystemen, in denen der Mensch lebt. Ein Blick auf die wichtigsten Wohlstandsfaktoren zeigt, welche unermesslichen Weiterentwicklungen damit vor uns liegen, die von uns aktiv und offensiv gestaltet werden können.

Ökosystemwohlstand beziehungsweise Wohlstand im Hinblick auf ökologische Nachhaltigkeit bedeutet dann die Frage: Wie gut können wir mit einem Ökosystem oder letztlich mit allen Ökosystemen umgehen, dass wir von deren Potenzialen sinnvollen Nutzen für unsere Weiterentwicklung ziehen können – und zwar nachhaltig, also unter vollem Erhalt von deren Potenzialen?

Bildungswohlstand bedeutet aus dieser Sicht nicht nur Zugang zum heutigen Bildungssystem, sondern die offensive Weiterentwicklung der Potenzialentfaltungsqualitäten von Bildung – hier sind wir bei Weitem noch nicht an die Grenzen gestoßen.

Sozialer Wohlstand bedeutet eine Kultur sozialer Innovationen, in der wir auf die Neu- und Weiterentwicklung von selbigen genauso viel Wert legen und in ihnen genauso viel Wertsteigerungspotenzial erkennen wie bei technologischen Innovationen. Sozialer Wohlstand ist daher viel mehr und auch viel dynamischer als der uns bekannte Sozialstaat. Er gelangt erst dann zur vollen Blüte, wenn jeder Mensch sein Potenzial zur Mitentwicklung von sozialen Innovationen entfaltet, also wenn alle Changemaker werden.

Gemeinwohlstand ist jener Wohlstand, der aus einer neuen Qualität von Gemeinwohlorientierung entsteht. Ein klug verstandener Gemeinwohlstand ist der effektivste Wohlstandstreiber – nicht nur für den allgemeinen Wohlstand, sondern auch für die Wohlstandsentwicklung jedes einzelnen Individuums.

Vernetzungswohlstand weitet die Synergien zwischen Menschen und zwischen allen Systemen aus. Die digitalen Vernetzungsmöglichkeiten eröffnen hier noch kaum fassbare Synergiewelten und neue Potenziale, wenn wir lernen, damit klug umzugehen.

Finanzwohlstand bedeutet im Kern die Frage, wie wir allen Menschen möglichst gute Entfaltungspotenziale ermöglichen – durch den weiterhin wichtigen Wohlstandsfaktor einer Verfügung über Finanzmittel. Auch hier ist unser heutiges System Lichtjahre von sinnvollen und optimalen Zuständen entfernt. Mit sehr einfachen Maßnahmen lässt sich jedoch eine funda-

mental neue Qualität von Finanz-»Wohlstand für alle« erreichen.

Demokratiewohlstand meint eine Vertiefung und Weiterentwicklung unseres heutigen Verständnisses von Demokratie und von Politikgestaltung. Die aktiven Partizipationsmög-
lichkeiten jedes Menschen sind noch nicht einmal ansatzweise
ausgeschöpft. Die Entfaltung und Nutzung dieser Potenziale zu
echter Mitverantwortung und Mitgestaltung aller »Polis«-Sys-
teme durch alle wird eine völlig neue Dimension von Demokratie und Politik eröffnen – und zwar auf allen Ebenen, von
der lokalen bis zur globalen.

Wertewohlstand ist letztlich der Kern jeglichen Wohlstands-
verständnisses. Unser Werteset bestimmt unsere Haltung und
unsere Handlungen und entscheidet damit über den Wert aller
denkbaren Wohlstandsfaktoren. Gleichzeitig war Ethos schon zu
allen Zeiten und grundsätzlich Weltethos. Bereits Sokrates wies
zurück, dass er eine begrenzte Identität unterhalb der Ebene der
Menschheit habe. Er fühlte, dachte und handelte in der Identität und mit dem Ethos eines Weltbürgers. Spätestens mit dem
Eintritt in das Zeitalter der Globalisierung aller Lebensbereiche
ist es die absolut zukunftsentscheidende Zivilisationsaufgabe,
Ethos und alle Werte grundsätzlich global zu denken. Eine Identität, eine Haltung, ein Ethos, das sich nicht auf das Wohl aller,
also letztlich auf das Wohl der Menschheit als Ganzes und damit
der Welt, ausrichtet, verrät die Unteilbarkeit aller Systeme und
die Unteilbarkeit und den Sinn von Werten. Die Weltgemeinschaft bricht auseinander, und Wirtschaft, Politik und jeglicher
andere Bereich menschlichen Lebens mutieren zu Schlachtfel-
dern von Partikularinteressen. Im »Wir zuerst«-Modus ist Ethos

heute, im Zeitalter einer längst global miteinander verbundenen Weltgemeinschaft, keineswegs nur Zerstörung von »Political Correctness«, sondern mafiotisch in all seinen bekannten alten und neuen Erscheinungsformen: von Kreuzzügen, Kolonialismus und Genozid bis IS, also Fundamentalzerstörung jeglicher Werte. Ethos in Wirtschaft und Politik bedeuten heute im Kern: Transformation von Economy zu einer WeQ Economy und von Policy zu einer WeQ Policy. Wertewohlstand bedeutet ferner auf der persönlichen und zwischenmenschlichen Ebene die beste Weiterentwicklung der eigenen WeQuality, der Beziehungskultur von Wertschätzung, Begleitung, Ermutigung, Offenheit, Teamgeist und mehr. Wertewohlstand in diesem universalisierten Verständnis ist somit die innere Versicherungsanstalt für eine gute Entfaltung aller Wohlstandsfaktoren.

Die menschlichen Potenziale sind so unerschöpflich wie die Sonnenenergie. Franz Alt hat uns gezeigt: Wir haben kein Energieproblem. Energie ist in Hülle und Fülle vorhanden, und zwar saubere und erneuerbare. Auch die Technik für eine sehr schnelle und vollständige Umstellung auf erneuerbare Energien ist inzwischen längst vorhanden und wird jeden Tag weiter perfektioniert. Das Einzige, was wir noch leisten müssen, ist die Klarheit der Entscheidung für die schnelle und vollständige Umstellung auf saubere und erneuerbare Energien.

Dasselbe gilt für die menschlichen Potenziale, die das Entwicklungsvermögen jedes Individuums und jeder Gemeinschaft und Gesellschaft so stark wie nie zuvor voranbringen können und die die Grundlage menschlichen Wohlstands und Wohlergehens in bisher nicht gekannter Qualität bilden. Wir haben kein Wohlstandsproblem, denn menschliche Potenziale sind in

Hülle und Fülle vorhanden und schnell und unmittelbar aktivierbar. Und auch hier ist es unvergleichlich klüger, wenn wir uns für deren »saubere« Nutzung entscheiden: für Kooperation statt Konfrontation, für Gemeinwohlorientierung statt kurzsichtigen Eigennutz, kurz für WeQ – More than IQ. Wir-Qualitäten führen jeden Einzelnen wie auch jede Gemeinschaft sehr viel weiter als jeder Ich-Kult, wie die atemberaubenden Erfolgsgeschichten von Hunderten von neueren WeQ-Trends in allen Bereichen menschlichen Lebens zeigen. Auch hier gilt: Das Einzige, was wir noch leisten müssen, ist die Klarheit der Entscheidung für die schnelle und vollständige Umstellung von kompetitiver zu kollaborativer Potenzialentfaltung.

Die Aufgabe, die wir uns vornehmen sollten und zu der dieses Buch einladen will, ist: beides miteinander zu verbinden. Denn die Orientierung auf 100 Prozent erneuerbare Energien und Kreislaufwirtschaft plus die Orientierung auf umfassende Potenzialentfaltung aller Menschen mit all ihren vielfältigen Qualitäten und insbesondere ihren Qualitäten in der Zusammenarbeit von kleinen Teams bis weltweiten Netzwerken eröffnen völlig neue Welten und Dimensionen von Wohlstand. Nachhaltige Ökonomie schafft Freiräume für weitere materielle Entwicklungen, wo sie nötig und sinnvoll sind. Und nachhaltige Potenzialentfaltung im Verständnis von »WeQ – More than IQ« schafft Freiräume und Motivation für die Ausgestaltung reicher, nichtmaterieller Wohlstandsdimensionen, für Innovationsentwicklungen im Sinne von Nachhaltigkeit und Gemeinwohl und für vieles mehr, kurz: für ein neues, reichhaltigeres und ganzheitlicheres Wohlstandsverständnis. Beides stützt und stärkt sich also wechselseitig.

Faktor 50 –
oder einfach Faktor WeQ

Wenn wir uns die nachfolgenden Fakten und Zusammenhänge ansehen, werden wir schnell erkennen, wie wichtig und richtig es ist, den Schlüsselbegriff der Gerechtigkeit ab sofort auch konsequent auf die Dimension der *menschlichen* Potenzialentfaltung anzuwenden: Gerechtigkeit ist, was der Entfaltung der menschlichen Potenziale gerecht wird.

So verstanden, wird sie den Wohlstand pro Erdenbürger in den nächsten 100 Jahren nicht nur um den Faktor 4 erhöhen, sondern um den Faktor 50 oder mehr (bei den hier angeführten Zahlen handelt es sich um Ableitungen aus verschiedenen, zusammengeführten Studien zu diesem Thema).

Mit welchen grundlegenden Maßnahmen werden wir diesem neuen Gerechtigkeits- und Wohlstandsverständnis gerecht? Und wo liegen die größten und wertvollsten unausgeschöpften Potenzialentfaltungsmöglichkeiten und somit Wohlstandsentfaltungspotenziale der Menschheit für die nächsten Dekaden?

Erstens: Noch immer sind die Hälfte bis drei Viertel der Menschheit sehr weit entfernt von einer auch nur annähernd guten Bildung und Ausbildung entsprechend den klassischen Bildungskriterien. Schon allein auf der Basis einer Bildungsoffensive nach klassischer Wissensbildung haben Länder wie Singapur innerhalb der letzten 50 Jahre das Durchschnittseinkommen ihrer Bewohner bereits um den Faktor 100 erhöhen können, wie der Bevölkerungswissenschaftler Reiner Klingholz in »Wer überlebt? Bildung entscheidet über die Zukunft der Menschheit« aufzeigen konnte.

Zweitens: Menschen, die ihre Denk-, Lern- und Arbeitsweise bereits vom traditionellen IQ- zum WeQ-Modus verändert haben, haben ihre Potenzialentfaltung und Selbstwirksamkeit in kurzer Zeit vervielfacht. Eine sich rasend schnell entwickelnde neue Welt von sozialen und Bildungsinnovationen bereitet derzeit den Wechsel von der bisherigen Wissensbildung zu einer neuartigen Schlüsselkompetenzenbildung vor, die die umfassende Potenzialentfaltung jedes Menschen in noch nicht abschätzbarer Qualität ausweiten wird. Selbst die OECD, die hierzu weltweit am stärksten forscht, kann zum jetzigen Zeitpunkt nur Schätzungen liefern, wenn auch fundierte. Anfängliche Schätzungen gehen von einer zusätzlichen weltweiten Potenzialentfaltung von mindestens Faktor 10 bis zu einem Vielfachen davon aus.

Drittens: Wer bislang Zugang zu den jeweils neuen technologischen Möglichkeiten hatte, beispielsweise zu Kommunikationsmitteln wie Büchern, Telefon, Internet oder zu Verkehrsinfrastrukturen, der hatte immense Vorteile bei der Entfaltung seiner Potenziale und seines Wohlstands. Dieser Zugang war jedoch immer zunächst ein Privileg für einen kleinen Teil der Menschheit. Für jenen Teil hat sich der Wohlstand in den letzten 100 Jahren um den Faktor 20 bis 50 erhöht, wie unterschiedliche Studien als Spektrum angeben. Wenn nicht nur ein minimaler Anteil der Menschheit die heutigen und weitere sich entwickelnde technologische Möglichkeiten nutzen kann, sondern alle Menschen und wenn nicht nur der heute noch sehr kleine Teil der Menschheit die technologischen Entwicklungen vorantreiben kann, sondern ein wesentlich größerer Teil aus den noch relativ gering entwickelten Ländern, so gehen wir von einem weiteren globalen Entwicklungspotenzial vom Faktor 10 bis 30 aus.

Viertens: Technologische Entwicklungen erfahren durch die gerade erst begonnene, vor allem digital gestützte, sogenannte Vierte industrielle Revolution nochmals einen massiven Entwicklungsschub. Deren Wohlstandssteigerungspotenzial kann heute unmöglich abgesehen werden. Wenn der Schub klug genutzt und gesteuert wird, kann mit den neuen technischen Möglichkeiten trotz der immensen Wohlstandseffekte gleichzeitig auch der Ressourcenverbrauch gründlich gesenkt werden, sodass ein nachhaltiges Wirtschaften keine Illusion, sondern real gestaltbar ist. Die Kosten für die neuen technologischen Wunderwerkzeuge sinken so radikal, dass sich bald jeder die meisten davon leisten kann. Und die erforderliche menschliche Arbeit wird so weitgehend von stupiden Arbeitsgängen befreit, dass jeder sich auf die massive Entfaltung seiner kreativen Potenziale, seiner sozialen, kollaborativen und sonstigen besten menschlichen Kompetenzen konzentrieren kann. In der Summe liegen erneut hohe Multiplikationsfaktoren für Wohlstand vor uns, und dies bei einer gleichzeitig vollständig nachhaltigen Ökonomie.

Eine persönliche Entscheidung

Das letzte Mal, als sich die Menschheit in einer Phase ähnlich tief greifender Weichenstellung befand, war zur Zeit der Perestroika. Damals waren ähnliche Quantensprünge in der menschheitlichen Entwicklung möglich. Doch bereits Anfang der 1990er-Jahre wurde schnell klar: Das historische Zeitfenster der Perestroika brachte zwar einige Fortschritte im Interesse der Menschheit, wie die ersten tatsächlichen Abrüstungsverträge der Weltgeschichte, aber aufgrund der damals noch vorherrschenden und höchst dominanten Partikularinteressen sowie eines Überlegenheits- und Siegerdenkens in einigen Ländern entstanden völlig unnötige und sehr gefährliche Win-lose-Ergebnisse.

Vor dem Hintergrund dieser Wahrnehmung wollte ich verstehen lernen, was zu tun sei, sollte sich wieder ein historisches Zeitfenster öffnen und sich die Chance ergeben, einen tatsächlichen Durchbruch zu einem ganzheitlichen und nachhaltigen Wohlergehen für alle voranzutreiben.

Erste hilfreiche Lektionen ergaben sich aus dem Umstand, dass die Lektüre aller Gorbatschow-Reden uns, meinem Partner des 1985 gemeinsam gegründeten Horizonte Verlages, Farzin Dustdar, und einem kleinen Team weiterer Mitengagierter direkte Kontakte zu den Führungskräften der Perestroika eröffneten.

Wir fügten die wesentlichen Passagen aus den Reden Gorbatschows, die er nach dem Erscheinen seines Perestroika-Buches unmittelbar nach seinem Machtantritt hielt, so zusammen, dass sein kreatives und offensives Weiterdenken dokumentiert und für die westliche Öffentlichkeit nachvollziehbar wurde. Wir veröffentlichten sie 1989 im Horizonte Verlag unter dem Titel »Michail Gorbatschow – Meine Vision«. Parallel publizierten wir weitere Bücher führender Perestroika-Vordenker, darunter »Und jetzt Weltinnenpolitik« von Gorbatschows engstem Berater Vadim Sagladin. Bei persönlichen Gesprächen erzählte Sagladin die Geschichte, wie er Gorbatschow von der Sinnhaftigkeit der deutschen Einheit überzeugt hatte. Sein und Gorbatschows gemeinsames großes Ziel war die Entwicklung eines »Gesamteuropäischen Hauses«. Darüber hinausgehend, arbeiteten sie auf eine demokratische Weltordnung hin sowie den Umbau der eigenen Wirtschaft und der Weiterentwicklung der Weltwirtschaft in Richtung einer globalen sozialen und ökologischen Marktwirtschaft in der Tradition Ludwig Erhardts.

In diesem Prozess des Umdenkens nach dem Scheitern des Kommunismus und der Diktatur beeindruckten mich die Tiefe und Schärfe der Selbstkritik über die eigenen historischen Fehlleistungen und zugleich die kreative Frische und visionäre Kühnheit im Kernteam der Perestroika. Ein derart weit geöffnetes historisches Fenster zur substanziellen und nachhaltigen Verbesserung des Lebens auf diesem »unteilbaren Planeten«, von dem Gorbatschow unentwegt sprach – »Wir leben auf *einem* Planeten, und wir sind *eine* Menschheit« –, hatte es zuvor vielleicht tatsächlich noch nie gegeben.

Gleichzeitig mussten wir alle miterleben, wie sich nicht unmaßgebliche Player im Westen, die noch tief im alten Eigeninteressen-, Konkurrenz- und Überlegenheitsdenken verhaftet waren, nur einige Rosinen aus den konstruktiven Ideen des Kernteams um Gorbatschow herauspickten und ansonsten auf den von ihnen proklamierten »Systemsieg der freien Marktwirtschaft« setzten. Auf die negativen Folgen und enormen »Nebenwirkungen« soll hier nicht weiter eingegangen werden.

Das Ökonomieverständnis, das sich aus dieser Zeit der historischen Chancen faktisch durchsetzte, wird allgemein als Neoliberalismus bezeichnet. Er schuf zwar tatsächlich mehr Reichtum auf der Welt, aber gleichzeitig eine Ungleichheit in dessen

Verteilung, wie es sie noch niemals zuvor gegeben hatte. Heute halten die vermögendsten 10 Prozent aller Menschen 89 Prozent des Weltgesamtvermögens. Und die Kluft wächst immer schneller: Nach dem Ungleichheitsbericht von Oxfam 2019 wächst das Vermögen der Milliardäre um 2,5 Milliarden US-Dollar – pro Tag –, während das der ärmsten Hälfte der Menschheit um 500 Millionen sinkt – ebenfalls pro Tag. Die Zahl der sich abgehängt fühlenden Menschen war noch nie so groß wie heute und wächst auch in den reichsten Ländern rapide. Die Übernutzung unserer Ökosysteme stieg trotz einer weltweit gewachsenen Nachhaltigkeitsbewegung unter dem Strich nahezu ungebremst weiter. Die Friedensdividende aus der Perestroikazeit ist längst wieder verspielt, und Konflikte aller Art werden immer verbitterter und unversöhnlicher. Populismus und Autoritarismus befinden sich erneut auf einem brandgefährlichen Vormarsch.

Doch die alte Erkenntnis und Weisheit – von Hölderlin in unvergängliche Worte gekleidet – gilt auch heute: »Wo Gefahr ist, wächst das Rettende auch.«

Aus der damaligen Gemengelage, die letztlich zur Perestroika führte, und aus der Gemengelage ungelöster globaler Probleme vor und nach diesem leider viel zu wenig genutzten historischen Zeitfenster entstanden in der engagierten Zivilgesellschaft trotzdem Lösungskonzepte, Initiativen und beispielgebende Projekte. In der Summe haben wir gegenwärtig ein regelrechtes Universum an Lösungen, aus dem sich rasch und konkret ein reifes und reiches Ökonomieverständnis fortentwickeln und umsetzen ließe. Dass das WeQ-Projekt gelingt, dafür spricht neben vielen anderen Aspekten nicht zuletzt, dass die

Wirtschaft selbst genau dies derzeit entdeckt: die Notwendigkeit einer nachhaltigen, sozialen, menschlichen und menschenorientierten Economy, um die eigene Zukunft zu sichern.

Doch zwischen dem historischen Zeitfenster der ersten Perestroika nach dem Scheitern der kommunistischen Ideologie und ihrem System und dem jetzt sich öffnenden Zeitfenster einer zweiten »Perestroika«, die nach Antworten auf die jetzt offensichtlichen Fehlentwicklungen eines marktradikalen Liberalismus sucht, liegt eine Zeitspanne von bald 30 Jahren.

Auf der Suche nach Lösungsideen, Lösungskonzepten und funktionierenden Beispielen für ein nachneoliberales Ökonomieverständnis kam es zu einigem Austausch und konkreten Kooperationen mit vielen Entwicklern und Betreibern von Projekten, die in das Denken »von Economy zu WeQ Economy« passen. Ein Etappenschritt war die publizistische Arbeit mit dem Horizonte Verlag, beispielsweise im Begleitbuch zur gleichnamigen weltweiten »One-World-Kampagne« des damals weltweit größten Bündnisses von Nichtregierungsorganisationen und Medien »Eine Welt für alle«. Das Buch enthält Originalbeiträge der damals international berühmtesten Visionäre für »eine Welt«. 1994 wurde dann aus unserem Kreis die Nichtregierungsorganisation Terra One World Network gegründet, die man im Rückblick als Vorläufer des WeQ Institutes sehen kann.

Kurz nach der Jahrtausendwende suchte das Terra-Team verstärkt Kontakt zu Partnern und Netzwerken. Im Zuge dessen wurde ich 2002 Generalsekretär des aus dem Club of Rome hervorgegangenen Club of Budapest International, dem rund 100 der bekanntesten Pioniere für neues Denken und Handeln wie Nelson Mandela oder der Dalai-Lama angehörten. 2003 war das Terra-Team Mitinitiator der Global Marshall Plan Initiative. 2005 wurde ich Sprecher eines damals progressiven Wirtschaftsverbands und seither dreimal Mitglied der Programmleitung des Deutschen Evangelischen Kirchentages.

2007 organisierten wir mit unserem damaligen Team den ersten Vision Summit, dessen Konzept war, unmittelbar vor dem damaligen G8-Gipfel in Heiligendamm neun herausragende Pioniere zu den zentralen Agendapunkten jenes G8-Gipfels zu Wort kommen zu lassen, darunter unter anderem Muhammad Yunus, Götz W. Werner und Georg Winter, auf den ich bereits zu sprechen kam. Mehr als 120 Journalisten nahmen damals an unserer Pressekonferenz teil. Der Vision Summit wurde zur Leitkonferenz für soziale Innovationen im deutschsprachigen Raum.

Im Folgejahr gründeten wir, insgesamt zu neunt, das »Genisis Institute for Social Innovation and Impact Strategies«, das 2017 in WeQ Institute umbenannt wurde. In enger Zusammenarbeit mit der international führenden Organisation für soziale Innovationen Ashoka und mehr als 100 weiteren sozialinnovativen Organisationen führten wir bisher acht Vision Summits durch. Aus unserem Gründernetzwerk gingen mehrere ökosystemisch arbeitende Organisationen für die Social Innovation und Social Business Szene hervor (so das Grameen Creative Lab, das Hans Reitz mit Muhammad Yunus ins Leben rief, oder die beiden Medienunternehmen Social Publish Verlag mit dem Printmagazin »enorm« und Good Impact, das David Diallo gründete und leitet). Und Genisis-Mitgründer Friedrich Kiesinger gilt mit »Albatros« und »Pegasus« als einer der ersten und größten Sozialunternehmer in Deutschland. Aus unserem Institut heraus gründeten wir gemeinsam mit Helga Breuninger, Gerald Hüther, Ulrich Weinberg, Günther Faltin, Margret Rasfeld und anderen 2015 die WeQ Foundation.

In all diesen Phasen und Projekten sammelten wir vielfältige Erfahrungen vom Agendasetting über kreative Konzeptentwicklungen und Ökosystemaufbau bis zur konkreten Prozessgestaltung. Wir durften auf diesem Weg viele großartige und mutige Menschen und Einrichtungen kennenlernen und mit ihnen zusammen lernen und arbeiten, und wir bemühten uns, in dieser Welt der Vordenker und Macher unseren Beitrag zu leisten.

Als eine unserer Rollen kristallisierte sich ein Vordenken in Richtung nächster Entwicklungsstufen heraus. Auch an solche Aufgabenstellungen möchten wir uns bewusst heranwagen mit einer Art gelassener Konzentration nach dem Motto: »Alles Mögliche war einmal unmöglich.« Denn es ist besser, das Unmögliche zu versuchen, als das offensichtlich Notwendige nicht zu versuchen, weil es als unmöglich erscheint.

Als wir dann 2017 die im Kapitel zur WeQ Economy Initiative angesprochenen Impulse hautnah miterleben durften, wurde der Gedanke zu der Initiative geboren, »Economy« auf die nächste Entwicklungsstufe WeQ Economy zu heben und dieser zum Durchbruch zu verhelfen.

Die Dimension dessen, was wir anstoßen wollen, ist nur dann zu verwirklichen, wenn jetzt eine WeQ Economy Community entsteht beziehungsweise eine WeQ-Bewegung, die den WeQ-Paradigmenwechsel für alle Bereiche in die Breite trägt und mit der notwendigen Ausdauer so weit voranbringt, bis ihr Ziel gesellschaftliche Realität geworden ist.

Unseren Beitrag sehen wir dabei als

- Startende mit dem notwendigen Aufbau des Netzwerks an Förderern und Multiplikatoren bis zum Übergang zu einer selbststeuernden Community,

- Einladende von Partnern für die sich entwickelnde notwendige Tiefe und Breite der Initiative und die weitere Abstimmung in und aus diesem entstehenden Partnerkreis heraus und

- quirlig Mit-Vordenkende in dem sich zügig ausweitenden Kreis von mutig und konkret visionären und anpackenden Menschen und Organisationen, die sich kollaborativ und konstruktiv der Aufgabe verschreiben, der nächsten Ebene von allgemein WeQ im Sinne von »More than IQ« und im Besonderen von Ökonomie als WeQ Economy mit ihren Ideen und Vorschlägen den Weg zu bereiten.

Der erste notwendige Schritt ist jedoch, dass die Startrolle von möglichst vielen mitgetragen wird. Daraus soll sich die Partner- und Communitystruktur entwickeln, die den Impuls streut und weiterentwickelt. Unsere bewusst systemisch dienende Rolle für alle nachvollziehbar zu machen ist ebenfalls eine der Zielsetzungen dieses Buches.

Denken mit vielen Köpfen – Fühlen mit vielen Herzen

So wird auch unmöglich Scheinendes möglich

〉〉 **Alles Mögliche war einmal unmöglich.** 〈〈

Vorläuferversion
eines bekannten Werbespruchs

Aus der historischen Vogelperspektive, also beispielsweise im Rückblick aus dem Jahr 2050 auf unsere heutige Zeit, könnte man sich die Frage stellen: Was wurde im Jahr 2019 – also im Jahr 30 des Berliner Mauerfalls – als das Unwort des Jahres ausgewählt? Das Wort »unmöglich« wäre hier ein sehr geeigneter Kandidat.

Wenn es um technische Dinge geht, ist der Werbespruch von Toyota »Nichts ist unmöglich« längst zur DNA unseres Denkens geworden. Selbst die Vorstellung eines Tourismus auf dem Mars ist kein Anlass mehr, jemanden ins Irrenhaus zu schicken. Immer neue Wellen sogenannter Sprunginnovationen, die in kurzer Zeit unser Leben und Arbeiten tief greifend verändern wie Computer, Smartphones oder als Nächstes selbst Lernende und sich selbst entwickelnde Roboter und Maschinenparks, haben unser Denken darüber, was »möglich« und was »unmöglich« ist, nachhaltig verändert.

Daher wird irgendwann die Frage in den Mittelpunkt der öffentlichen Wahrnehmung und Diskussion treten, warum wir so lange Zeit nicht eine ähnliche Offenheit für Entwicklungssprünge bei persönlichen, sozialen und gesellschaftlichen Veränderungen entwickelt haben. Warum war noch der weitaus größte Teil der Menschheit hochgradig skeptisch darüber, wie wir so wichtige Felder wie Bildung, Wirtschaft und Politik oder auch unsere persönliche Lebensgestaltung anders und besser handhaben können? Hier reagieren wir noch sehr oft sehr schnell und sehr reflexartig mit einem »unmöglich«! Vermutlich wird man in nicht ferner Zukunft – hoffentlich aber schon in sehr naher Zukunft – den Kopf darüber schütteln, wie wir in eine derartige Bewusstseinsspaltung geraten konnten.

Bei technologischen Innovationen können wir an einem Beispiel leicht illustrieren, was unser Denken im Gefängnis des »Unmöglich« festhielt und wie die Befreiung daraus gelang: Wie groß ist die Wahrscheinlichkeit zu entdecken, dass die Erde keine Scheibe ist, wenn wir davon überzeugt sind, sie sei unzweifelhaft eine Scheibe? Solange niemand glaubt, dass sie etwas anderes sein könnte, ist dies tatsächlich nahezu unmöglich. Erst wenn jemand die im Kern simple Gedankenleistung erbringt, die Möglichkeit nicht auszuschließen, dass sie etwas anderes – beispielsweise eine Kugel – sein könnte, und dann den Entschluss fasst, sich zur Entdeckungsreise aufzumachen, wird es möglich, die Erde als Kugel zu entdecken.

Am Anfang jeder Überwindung eines »Unmöglich«-Denkens stehen ein »Möglich«-Denken und ein darauf aufbauendes Verhalten. Irgendwann waren weltweite Entdeckungsreisen an der Tagesordnung, und irgendwann kam es dann auch zum exponentiellen Aufbruch zu technologischen Entdeckungen. Durch immer mehr mutige Möglich-Denker und Möglich-Macher wendete sich das Blatt vollends, sodass der lockere Spruch »Alles Mögliche war einmal unmöglich« (ebenfalls von Toyota) zum Leitspruch ganzer Heerscharen von Tüftlern, Forschern und Entwicklern wurde.

Der längst vergessene deutsche Philosoph Hans Vaihinger leitete in seinem 1911 erschienenen Hauptwerk »Die Philosophie des Als Ob« aus der Beobachtung der damals schon beeindruckenden technologischen Sprünge die Erkenntnis ab: An neue, weiterführende und insbesondere positive Gestaltungsmöglichkeiten nicht zu glauben sei schlicht Dummheit, weil wir uns mit einem Nicht-für-möglich-Halten von der Wahrnehmung, Entdeckung und Gestaltung der *Möglichkeit* von bisher unmöglich Erscheinendem *selbst ausschließen*. Wenn wir unser Denken, so Vaihinger, an die Fiktion binden, dass die Erde eine Scheibe sei, verhalten wir uns so und nehmen alles so wahr, als ob die Erde eine Scheibe wäre. Diese Fiktion erlaubt zwar gewisse Denk- und Handlungsräume und ist innerhalb des gesetzten Wahrnehmungsrahmens auch von einer gewissen Nützlichkeit, aber es gibt durchaus eine weitaus nützlichere Als-ob-Fiktion über die Erde, wie wir seit Kolumbus wissen.

Der hier angesprochene und im Kern verblüffend einfache *Ur-Sprung im Denken* zu neuen Möglichkeiten gilt für alle Bereiche menschlichen Denkens, nicht nur für technologische und technokratische Innovationssprünge, sondern in gleicher Weise für persönliche, soziale und gesellschaftliche Innovationssprünge, für die äußere wie innere Potenzialentfaltung jedes Menschen, für neue Fiktions- und Gestaltungssprünge in Bildung, Politik, Wirtschaft, Zivilgesellschaft – kurz zusammengefasst: überall.

In diesem Buch stehen Sprunginnovationen in *allen* Bereichen menschlichen Denkens und Gestaltens im Zentrum. Ein kluges *Zusammenspiel* von Sprunginnovationen in der individuellen Selbstwahrnehmung, in der Wahrnehmung sozialer Entwicklungspotenziale und in der Wahrnehmung technologischer Potenziale weitet die *Zukunftspotenziale der Menschheit* insgesamt, sowie jedes einzelnen Menschen und jeder Sozialeinheit noch einmal *exponentiell* aus. Wir leben längst in einer Zeit und Welt, wo der so lange wirkmächtige Bann des »Unmöglich« schon für alle Bereiche gebrochen ist.

Gerade setzt sich bei einem zwar überschaubaren, aber doch immer schneller wachsenden Teil der Menschheit und – noch erstaunlicher – in allen ihren Gliedern, von der engagierten Zivilgesellschaft bis in die Spitze von Unternehmen, die Haltung durch: »Alles Mögliche war einmal unmöglich.« In zahlreichen Beispielen werden diese rasant sich ausbreitenden Veränderungen ferner zu der klar erkennbaren neuen Perspektive verdichtet, dass jetzt auch ein grundlegend weitergedachtes, humaneres und nachhaltigeres Ökonomieverständnis möglich und gestaltbar ist. Die zukunftsfähige Umgestaltung der Ökonomie wird bereits in einem erstaunlich schnell wachsenden und breiten Spektrum unserer Gesellschaft als unumgänglich notwendig und zugleich als absolut möglich wahrgenommen und entsprechend in immer mehr Projekten und Organisationen umgesetzt.

Dieses Buch will dazu einladen, sich gemeinsam ans Werk zu machen, »Economy« in Richtung einer WeQ Economy weiterzudenken. Wir können und sollten uns die Freiheit nehmen,

Ökonomie entlang unserer wertemotivierten und kreativen Vorstellungen von einem umfassenden menschlichen Wohlergehen auf der Basis umfassender Nachhaltigkeit und umfassender Teilhabe aller umzugestalten. Wir können diesen zweifelsohne großen Schritt leisten, wenn wir unser eigenes Lernen als Teil eines »lernenden Planeten« sehen und uns als Teil eines »Weltgehirns« und eines »planetaren Herzens« begreifen. Wir werden überrascht sein, wie sehr dies unser Lernen und Leben befreit und erweitert.

Lernen mit dem Weltgehirn

Der britische Philosoph Peter Russell prägte in seinem 1987 erschienenen Buch »The Global Brain« den Begriff des Weltgehirns. Zu einem Zeitpunkt, als das Internet noch in den allerersten Anfängen steckte und das World Wide Web noch nicht erfunden war, sah er voraus, wohin der Einstieg in das digitale Zeitalter führen würde: zur weltweiten Vernetzung allen menschlichen Wissens, zur weltweiten Vernetzung aller Menschen, zu einer Vernetzung menschlicher Kommunikation und Kooperation, die die Menschheit zu einer neuartigen Identität und Entität führen würde – zu einem Weltgehirn, zu einem Weltherzen und zu einer Weltidentität.

Viele der angesprochenen Trends von Open Source bis Open Innovation, von Collaborative Commons bis Co-Creation sind nichts anderes als selbstverständliche Funktionsweisen dieser neuartigen Entität, zu der wir gerade zusammenwachsen. Im Vergleich zu früheren Geschwindigkeiten in der menschlichen Evolution sind wir vom Fußgänger- und Pferdekutschentempo auf buchstäblich Lichtgeschwindigkeit umgestiegen. Das gesamte Universum des Weltwissens steht uns in Echtzeit zur Verfügung, was lebenspraktisch bedeutet: zeitbefreit und universell. Arbeitsteams, Interessenteams, zivilgesellschaftliches Engagement – immer mehr Formen von Collaboration funktionieren ortsbefreit und prinzipiell global.

Das bedeutet keineswegs, dass das Internet das Bedürfnis nach physischer Nähe, nach physischem Austausch, nach physischer Realität ersetzen könnte, denn darin liegen Qualitäten, die durch nichts zu ersetzen sind. Das Weltgehirn wird uns vielmehr dabei helfen, die physischen Realitäten um uns herum noch viel intelligenter, erfahrungsreicher, kreativer, nachhaltiger und werthaltiger zu entdecken und zu gestalten. Wie zuvor Pferdekutschen, Eisenbahnen, Autos und Flugzeuge unsere Neugier auf Neues und anderes in der Welt immer weiter gesteigert haben, so kommt es durch das Weltgehirn noch einmal zur Steigerung. Wer digitale und analoge Welt in Gegensatzposition bringt, hat die Bedeutung und die Chancen gesamtmenschheitlicher Verbindung noch nicht verstanden. Selbstredend braucht jeglicher evolutionäre Schritt – sei es der Schritt vom Krabbeln zu ersten Gehversuchen bei einem Kleinkind, sei es der Schritt von elterlicher Fürsorge zum eigenverantwortlichen Erwachsenwerden, sei es die Nutzung des Feuers oder des Internets – immer und zu jeder Zeit passende individuelle und kollektive Lernschritte. Alles ist Gefahr mit dem Potenzial, zu Rettendem und Weiterführendem zu werden, wie Hölderlin so trefflich formulierte und die Gefahren- und Chanceseite zusammenführte.

Was bedeutet nun das offenkundig unaufhaltbare Entstehen des Weltgehirns für uns Menschen?

Alte Denk- und Verhaltensmuster verlieren nach und nach ihre Schutzfunktion. Sie können keines unserer heutigen Probleme auf der Ebene globalen Zusammenlebens und weltumspannender Wechselwirkungen lösen. Noch viel schlimmer: Sie mutieren zu Autobahnen für Rückwärtsfahrende, in Richtung Kleingartenkolonien intellektueller und letztlich auch physischer Selbstverarmung. Wer vor Menschen anderer Kulturen Angst hat, verhält sich wie jemand, der vor Wasser oder Messern Angst hat: Er lernt nie zu schwimmen und nie zu schnitzen. Wer das Kennenlernen »fremder« Menschen, Kulturen, Religionen, Städte, Bauwerke und so viel mehr als Lernchance begreift, wird sie als unendlich reiche Kostbarkeit für sein Leben schätzen lernen und nicht mehr missen wollen. Wer diese Lernlust durch digitale Wissensaneignung, digitale Kommunikation und digitale Kooperation noch weiter zu steigern weiß, wird auch diese Möglichkeiten immer weiter kultivieren. Um es offen zu sagen: Wer heute noch Ausländer hasst, wird sehr bald überrascht sein, wen er damit zum großen bis letztlich hoffnungslosen Verlierer macht und ins Abseits drängt: sich selbst. In der neuen Realität des Weltgehirns und seiner real existierenden und täglich sich intensivierenden Vernetztheit aller Nervenzellen bedeutet Selbstabschottung letztendlich Selbstverdummung, Selbstverarmung und den Verlust des Selbst.

Was stattdessen gebraucht wird, ist dies: eine Transformation in Richtung eines Denken mit vielen Köpfen und eines Fühlens mit vielen Herzen. Oder anders formuliert: die Entwicklung unserer Wir-Qualitäten, des Austauschs auf Augenhöhe und der Empathie. Wenn wir diesen Weg nicht beschreiten, so gilt Stephen Coveys legendäre Warnung: »Man kann die

Hand eines Menschen kaufen, aber nicht sein Herz. In seinem Herzen aber sitzen sein Enthusiasmus und seine Loyalität. Man kann seinen Rücken kaufen, aber nicht sein Gehirn. Dort sitzen seine Kreativität, sein Einfallsreichtum und seine geistige Beweglichkeit.«

Was bedeutet nun Denken mit vielen Köpfen und Fühlen mit vielen Herzen?

Denken mit vielen Köpfen

Je ernsthafter wir der Sichtweise eines anderen Menschen zuhören und sie genau und unvoreingenommen verstehen wollen, je mehr wir mit den Augen und Ohren unseres Gegenübers sehen und hören lernen, seine Ausdrucks- und Denkweise als ergänzende Betrachtung zu unserer eigenen erkennen und ihm auf Augenhöhe begegnen, desto mehr können wir von ihm lernen. Erst die gleiche Augenhöhe verhilft uns dazu, uns quasi in den Kopf des Gegenübers hineinzuversetzen und neben unserem eigenen Kopf auch mit seinem wahrzunehmen und zu denken. Wenn wir diese Haltung auf immer mehr Menschen ausdehnen, lernen wir, mit immer mehr Augen zu sehen, Ohren zu hören, Köpfen zu denken.

Muhammad Yunus meinte einmal, er habe in seinem Leben glücklicherweise zwei Arten von Professoren und Professorinnen gehabt. Seine ersten Professoren waren jene an den Eliteuniversitäten in den Vereinigten Staaten, an denen er studierte und später lehrte. Von ihnen habe er eine Sorte von Ökonomie gelernt – jene, wie man Unternehmen und ganze Volkswirtschaften erfolgreich konstruiert und steuert. Die zweite Art Professorinnen waren Frauen aus Bangladesch, Analphabetinnen, die zuvor nie mit Geld umgegangen waren, geschweige denn ein Unternehmen aufgebaut hatten. Von ihnen habe er eine völlig andere Ökonomie gelernt: wie man eine »Ökonomie aus absoluter Armut« konstruieren und erfolgreich aufbauen kann. Über eine solche Art von Ökonomie habe er von den ersten Professoren nichts erfahren, weil sie darüber nichts wussten. Darüber habe er erst etwas lernen können, als er den Frauen aus Bangladesch genau zuhörte, mit ihnen sehr grundlegende und ernsthafte Fragen diskutierte und ihnen vorbehaltlos und ernsthaft auf Augenhöhe begegnete. Daraus folgte für Yunus eine wichtige Erkenntnis: Nur auf Augenhöhe werden die Persönlichkeit, das Wesen und die Fähigkeiten von anderen wirklich sichtbar. Mit elitärer Abschottung verliert unsere Wahrnehmung die Kraft zu wirklich neuem Denken und vor allem: zu wirklich ungewöhnlicher Problemlösung. Erst auf gleicher Augenhöhe mit allen Menschen erschließt sich – selbst für die Bestgebildeten und Mächtigsten dieser Erde – wieder die Fähigkeit zu echter Kreativität, zu umfassender Verantwortung, zum gesamtsystemischen Blick, zur notwendigen wirklichen Problemlösung.

Ein weiteres Beispiel beweist die tief greifende Veränderungskraft dieses scheinbar simplen Ansatzes: In Santa Cruz, einer Millionenstadt in Bolivien, führte im Jahr 2001 der damalige Bürgermeister Roberto Fernandez die Regel ein, dass alle städtischen Mitarbeiter bis einschließlich der Spitze jede Woche einige Zeit in sozialen und ökologischen Projekten zusammen mit den dort jeweils Arbeitenden tätig sein sollten. Dies änderte sowohl deren Denken und Handeln als auch das Gefühl der dortigen Akteure, wahrgenommen zu werden, schneller und nachhaltiger als jede Fortbildung.

Mit einer solchen Haltung der gleichen Augenhöhe werden wir gute Mitspieler in Teamberatungsprozessen, in kreativer Teamarbeit und in Hochleistungsteams. Wir werden die Unterschiedlichkeit der Menschen und ihrer Sichtweisen schätzen und lieben lernen. Funktionierende Teamprozesse bringen Elemente zusammen, die man als Einzelner gar nicht denken, geschweige denn kreativ kombinieren könnte.

Kommunikation mit anderen Menschen auf Augenhöhe und das sukzessive Lernen des Denkens mit vielen Köpfen bedeutet keineswegs die Aufgabe oder auch nur eine Schwächung eigenständigen Denkens. Ganz im Gegenteil: Je mehr Aspekte ich in mein Denken einbeziehen kann, desto mehr schärfen sich meine Wahrnehmung, meine Denk- und Urteilskraft, meine Kreativität und meine Integrationsfähigkeit im Hinblick auf komplexes und systemisches Denken. Selbstständiges Denken und vielfältiges Wahrnehmen bedingen sich in ihrer aufsteigenden Entwicklung. Meine Meinung bleibt weiterhin wichtig und wertvoll, aber die Meinungen anderer werden kostbarer und willkommen. Abdu'l-Bahá meinte einmal: Wenn zwei sich streiten, haben beide unrecht. Der Streit ist das Unrecht beziehungsweise stiftet es, weil einer sich über den anderen erhebt und die ergebnisoffene Wahrheitssuche diskreditiert. Am Ende eines Austauschs kann jeder sagen, was er vom anderen gelernt hat und wo er nun steht, auch wenn der Austausch seine Sicht nur marginal geändert hat. Wichtig ist die grundsätzliche Ergebnisoffenheit.

Empathie: Fühlen mit vielen Herzen

Empathie geht noch eine Stufe weiter und tiefer. Hier lässt man sich auch auf die Gefühle anderer Menschen ein. Der andere ist einem nicht nur als Ideen- und Impulsgeber wichtig, sondern schlicht und einfach als Mensch, als ganzheitliches Lebewesen mit all seinen Empfindungen, Sorgen, Ängsten, Hoffnungen und Sehnsüchten und mit seinen Träumen und Visionen für eine bessere Welt.

Selbstverständlich kann sich kein Mensch mit gleicher Intensität auf alle Menschen einlassen. Es geht um *grundsätzliche* Empathie für *alle* Menschen. Man kann Taten von Menschen sehr wohl deutlich und klar zurückweisen, wo diese anderen Menschen schaden. Aber man kann nicht *Menschen* zurückweisen. Freundlichkeit, Achtsamkeit, Mitgefühl sind Haltungen, die wir anderen entgegenbringen, weil wir Menschen als Menschen achten und wertschätzen. Wenn wir diese Haltungen nur nahestehenden Menschen entgegenbringen oder nur Freunden oder Deutschen oder Weißen oder Glaubensbrüdern, haben wir die Grundtugenden der Empathie in spaltende bis tödliche Waffen verwandelt. Spaltende Empathie in einer Weltgemeinschaft, die wir längst sind, ist im Kern eine mafiöse Empathie. Erst wenn wir grundsätzlich jedem Menschen mit Empathie begegnen, können wir uns mit und durch unsere Menschlichkeit empathisch entwickeln.

Wirklich tiefgehende Lernprozesse sind nur mit einer permanent wachen Weiterentwicklung unserer empathischen Qualitäten möglich. Erst Empathie durchbricht die Grenzen zu besonders herausragendem Bemühen, zu besonderer Innovationsleistung bei der Suche nach besseren Lösungen für individuelle und gesellschaftliche Probleme und führt zur Überwindung von Hindernissen und Denkgrenzen. Je mehr wir uns mit den Sorgen und Sehnsüchten anderer Menschen empathisch verbinden, desto motivierter, inspirierter, willensstärker, mutiger und ambitionierter werden wir für allgemein menschendienliche Ziele. Und je stärker wir unsere Empathie entwickeln, desto sinnerfüllter wird unser Leben und desto sinnstiftender jede unserer Entscheidungen.

Entscheidend ist die Universalität des Radius, auf den sich unsere Empathie richtet. Empathie für Neugeborene und Kleinkinder fällt uns in der Regel nicht besonders schwer. Je älter Kinder werden, desto mehr unterscheiden wir aber im Grad unsere Empathie zwischen »lieben« und »schwierigen« Kindern. Doch nicht nur für Lehrer sollte es zum Ethos gehören, auch die Beziehung zur letzteren Gruppe zum Gelingen zu bringen. Das von Wilfried Schley und Helga Breuninger entwickelte »Beziehungslernen« kann uns dabei helfen, den Wert von gelebter, praktischer Empathie zu verstehen.

Empathie ist nicht Almosen spendendes Mitleid und erst recht nicht Helfersyndrom-Verhalten. Es ist der hohe und ehrliche Respekt gegenüber jedem Menschen, davor, dass jeder Mensch seine Daseinsaufgabe hat und seinen Platz und seinen Sinn zu finden trachtet. Diese Daseinsaufgabe ist für jeden eine Herausforderung. Zu ihr gehört es, sich gegenseitig achtsam und empathisch zu unterstützen. Das Empathischsein hat dabei eine Doppelwirkung: Es unterstützt andere Menschen auf ihrem Weg und es unterstützt uns auf unserem Weg. Wer sich bei seiner Empathie Auslese und Überheblichkeit leistet, realisiert nicht, wie viel er selbst verliert. Er merkt auch nicht, dass er seinen Mangel an empathischen Kompetenzen immer mehr durch Stereotype und Abwertungen anderer Menschen und Menschengruppen ersetzen muss sowie durch »Erklärungen«, warum ihm so viele Beziehungen nicht gelingen.

Umgekehrt führt das schrittweise Lernen des »Fühlens mit vielen Herzen« zu einer unvorstellbaren Bereicherung der eigenen Wahrnehmungs-, Einfühlungs- und Beziehungskompetenzen.

»Alles Mögliche« ist jedem Menschen in die Wiege gelegt

Eine der schönsten Aufgaben und Fähigkeiten jedes Menschen ist es, immer weiter über sich hinauszuwachsen. Haltungen wie die, sich auf Augenhöhe zu begegnen und die daraus sich ergebende Veredelung sozialer Kompetenzen sind dabei die kostbarsten Entwicklungsbeschleuniger.

Wer sich aufs »Denken mit vielen Köpfen« und aufs »Fühlen mit vielen Herzen« einlässt, wird überrascht sein, wie viele Hände und Füße und praktische Fähigkeiten ihm dadurch in seinem Leben zuwachsen, weit über das hinaus, was andere und wir selbst uns zugetraut haben. Warum haben wir den spielerischen Glauben verloren, mit dem jedes Kind geboren ist, dass es die Aufgabe, die gerade vor ihm liegt, durch Nachahmung und beharrliches Versuchen lernen und meistern kann? Eine kurze Beobachtung von Kleinkindern beim Spiel mit Lego zeigt uns die beharrliche Energie, die offensichtlich jedem Menschen in die Wiege gelegt ist. Warum ließ sich Demosthenes nicht davon abbringen, trotz seines Stotterns ein großer Redner werden zu können? Am Anfang des kindlichen Urvertrauens wie der späteren Urgewalt zur eigenen Lernfähigkeit trotz gewaltiger Hindernisse war der Glaube, dass alles Mögliche einmal unmöglich war. Gerald Hüther stellte aus seinen Beobachtungen der unbändigen Lern- und Versuchsenergie bei Kleinkindern und von deren allmählichem Abklingen durch eine systematische Entmutigungskultur die Frage, wie wir es schaffen konnten, aus durchweg hoch motivierten und hochbegabten Kindern so viele ängstliche und in ihrer Würde verletzte Erwachsene zu machen. »Alle Kinder wollen von sich aus lernen, sich in der Welt zurechtzufinden. Das ist ihr wichtigster Schatz, den sie schon mit auf die Welt gebracht haben«, woraus Gerald Hüther ableitet, dass jedes Kind in diesem Sinne hochbegabt ist. Schon Albert Einstein postulierte: »Jeder Mensch ist ein Genie!« Hüther folgert daraus: »Dieser Goldschatz darf in Schulen nicht in einen Bleiklumpen verwandelt werden, sonst verschwindet schon in den ersten Schuljahren die Lust am Entdecken … Schüler würden dann keine eigensinnigen Musterbrecher, sondern angepasste Pflichterfüller. Wir brauchen aber Menschen, die kreativ sind und anders denken.«

Wer von Herzen für irgendein Problem eine bessere Antwort finden möchte als die, die er bisher gefunden hat, und wer sich nicht durch besserwisserische Unwissende abhalten lässt, wer einfach immer weiter sucht und weiter denkt, der entdeckt einen Irrtum nach dem anderen bei dem Vorurteil, dass dieses und jenes einfach nicht geht. Wie schon gesagt: Solange es kein Mensch zuließ, die Erde als Kugel zu denken, konnte niemand die Realität der Erde als Kugel entdecken. Wir sollten als Menschen nicht nur wissbegierig sein gegenüber dem, was andere als Wissen angesammelt und generiert haben, sondern begierig, all das zu entdecken, was allgemein noch als unmöglich eingestuft wird. Wir sollten uns selbst und einander ermutigen, bisherige Grenzen unseres Denkens und Erfindens zu hinterfragen. Sinnvolle richtige Ziele und simple offene Fragen sind oft die erstaunlichsten Türöffner.

Die in der jüngeren Zeit geschaffene Welt sozialer Innovationen kann uns mit reichlich Mut versorgen, damit anzufangen, »unlimited« nach besseren Lösungen für uns selbst wie für andere zu suchen. Die erstaunlichste Entdeckung an sozialen Innovationen ist, dass sie im Kern überraschend einfach sind. Oft ist es tatsächlich nicht mehr als ein Blick auf Menschen oder Menschengruppen – ein veränderter Blick, der aus einer veränderten Qualität der Empathie geboren wird. So änderte Thorkil Sonne aus Dänemark, Vater eines Autisten mit Asperger-Syndrom, seine Sicht auf seinen Sohn durch eine einfache neu gestellte Frage: ob das, was dieser gut kann, nicht eine wunderbare Kompetenz bedeute, er also kein »Behinderter« sei, sondern ein »Mensch mit besonderen Fähigkeiten«. Er fand für seinen Sohn eine besonders qualifizierte Arbeit, die ihm ein völlig anderes Selbstwertgefühl gab, bessere Gesundheit und vieles mehr. Aus diesem Beispiel entstand eine weltweite Bewegung, sodass heute viele Unternehmen weltweit Asperger-Autisten als besonders wertvolle Spezialisten einstellen. Fast alle sozialen Innovationen haben ihren Kern in derartigen Veränderungen der empathischen Blickwinkel.

Für das Aufspüren und Erkennen solch neuer Blickwinkel und Herangehensweisen ist nicht mehr erforderlich als gesun-

der Menschenverstand und beharrliches Suchen und Nachdenken. Das Gleiche gilt für die Entdeckung innovativer Wege
für die eigene persönliche Weiterentwicklung: Auf unabhängi-
ges Nachdenken mit gesundem Menschenverstand kommt es
an und auf Reisen in die Denk- und Fühlwelten anderer Menschen – beides mit unbeirrbarer Beharrlichkeit.

Auch in einer weiteren Hinsicht sollten wir uns »unlimitier-
ter« aufstellen. Wir sollten uns nicht länger nur als Angestellte,
als Naturwissenschaftler, als Ökonomen, als Theoretiker, als
Praktiker, als Künstler, als Verwalter, als Aktivisten oder was
auch immer unsere derzeitige Zwischenstation ist, sehen. Wenn
wir Ökonomen sind und zusätzlich engagierte Aktivisten für
Armutsüberwindung werden, können wir vielleicht als Erstes
funktionierende Kleinkreditinstitute schaffen, um den Ärmsten
den Zugang zu Krediten zu eröffnen, und damit die bahnbrechende Idee von Social Business weiterentwickeln – hierfür ist
Muhammad Yunus der Prototyp. Wenn wir Musiker sind und
uns plötzlich für systemisches Denken interessieren, dann können wir aufgrund unserer Intuition für das konzerthafte Zusammenspiel unterschiedlichster Instrumente und Klänge möglicherweise systemisches Denken einer breiten Öffentlichkeit
verständlicher machen – ein Prototyp hierfür ist Ervin Laszlo,
der vielleicht bedeutendste Systemphilosoph. Wenn wir Naturwissenschaftler sind und irgendwann anfangen, uns für philoso-
phische Grundfragen zu interessieren, bereichern wir die Welt
der Philosophie vielleicht um gänzlich neue Aspekte und die
breite Gesellschaft um eine einfachere Sprache, die mehr Menschen verständlich und zugänglich ist – Prototypen hierfür sind
Hans-Peter Dürr und Harald Lesch.

Die hier angesprochenen »Karrierebrüche«, die genau genommen wunderbare Karrieredurchbrüche in neue Dimensionen des Lebens sind, betreffen Persönlichkeiten, die weltberühmt wurden. Die beschriebenen Phänomene begrenzen sich jedoch keineswegs auf eine kleine, überschaubare Personengruppe. Wikipedia lehrt uns, dass völlig unterschiedliche Menschen plötzlich zu Lexikonschreibern werden und sich in dieser Rolle immer weiter verbessern können. Die Welt ist voll von ungeschriebenen Geschichten des Wechsels von einer Profession in eine andere, manchmal auch in mehrere andere.

Wir alle können und sollten uns auf mehrere Lebensaufgaben einlassen. Warum? Weil uns eine solche Haltung zu erstaunlichen Erfahrungen mit unseren Potenzialen führt. Durch »grenzüberschreitende« Zweit- oder Drittinteressen und Biografien erleben wir einen Effekt, den die Kreativitätsforschung analysiert hat: Wer mit seinen Denkweisen und entwickelten Kompetenzen aus einem Lebensfeld in ein anderes Themen- oder Lebensfeld wechselt, nimmt automatisch die zuerst erworbenen Muster und Fähigkeiten mit und bringt sie im neuen Feld ein. Wir lernen also im neuen Feld neue Muster und neue erforderliche Kompetenzen und kombinieren sie unwillkürlich mit den mitgebrachten. Dadurch sind Quereinsteiger oft die Kreativeren als jene, die nur in einem Feld gelernt und gelebt haben.

Im Vergleich zu früheren Generationen »leben« wir heute in einem längeren und offeneren Lebensstrom. Warum drei, fünf oder zehn Jahre lang immer die dieselbe lineare Biografie? Multidimensionale Biografien sind unvergleichlich reizvoller und reicher.

Das Universum menschlicher Potenziale

Sind die menschlichen Potenziale unbegrenzt? Ganz sicher nicht. Aber weiß irgendjemand, wo ihre Grenzen sind? Ganz sicher ebenfalls nicht. Wenn wir uns auf Details einlassen wollten, müssten wir die Menschheitsgeschichte als Geschichte der milliardenfachen kreativen Zerstörung von Fehlurteilen beschreiben darüber, was angeblich so alles unmöglich ist. Der österreichische Ökonom Joseph Schumpeter bezeichnete die Geschichte der Ökonomie als »kreative Zerstörung« der jeweils gegenwärtigen technischen Errungenschaften und Geschäftsmodelle. Diesen Ansatz müssen wir auf unsere persönliche Entwicklung wie auf die menschheitliche Entwicklung ausweiten und anwenden. Das beste »kreative Zerstörungsinstrument« ist der Wechsel von der Ich-Orientierung zur Wir-Orientierung beziehungsweise die Erweiterung der Ich-Qualitäten zu den in diesem Buch diskutierten Wir-Qualitäten. Das Geheimnis des zeitgemäßen Denkens und Wirkens und der Erschließung völlig neuer Dimensionen menschlicher Potenziale liegt in der DNA von WeQ: kooperative Prozess- und Gemeinwohlorientierung.

Wie schon erwähnt: Durch die Verbindung von technologischen und digitalen mit sozialen Innovationen werden wir zu Mitdenkern und Aktiven in einer globalen Zivilgesellschaft, zu Teamarbeitern in immer zahlreicheren global vernetzten Teams, zu Design Thinkern, die in Teams neue soziale und sonstige Innovationen erarbeiten, zu Co-Kreatoren neuer Geschäftsmodelle, zu Prosumenten, die mit der aufkommenden Welt von 3-D-Druckern nicht nur Konsumenten, sondern gleichzeitig auch Produzenten werden, und zu sehr viel mehr. Wir werden eine viel aktivere und zugleich facettenreichere Rolle im Leben spielen, als wir uns dies bisher zugetraut haben. Wir werden den Wechsel in dem Maße vollziehen, wie wir es wagen, Abschied zu nehmen von der uns vertrauten Ich-Kultur und einzusteigen in die WeQ-Welt und die damit verbundene WeQ-Kultur.

7,5-milliardenfache Potenzialentfaltung

Trotz Vervierfachung der Weltbevölkerung im Laufe der letzten 100 Jahre hat sich das Durchschnittseinkommen pro Erdenbürger im gleichen Zeitraum mehr als vervierfacht. Das bedeutet eine Versechzehnfachung der weltweiten Wirtschaftsleistung. Doch die Einkommensunterschiede sind immens. Während das durchschnittliche Jahreseinkommen in Luxemburg bei über 73.000 US-Dollar liegt, in Monaco sogar bei über 128.000 Dollar, beträgt es in der Demokratischen Republik Kongo im Herzen Afrikas ganze 450 Dollar. Und dies ist ein Vergleich der länderbezogenen Durchschnittseinkommen. Würden die reichsten acht Erdenbürger in einem einzigen Minidorf zusammenleben, würden sie über mehr Vermögen verfügen als die untere Hälfte der Menschheit. Das entspricht einer Vermögensdifferenz von 1 : 475.000.000 oder der Relation von einem Menschen zur Bevölkerung der Vereinigten Staaten von Amerika und Deutschland zusammengenommen. Wir sind derzeit Lichtjahre von gerechten Chancen zur Potenzialentfaltung entfernt. Unter diesen Vorzeichen klingt ein Begriff wie »Wettbewerb« nur noch zynisch. Ein solcher »Wettbewerb« entspricht einer Disziplin, in der ein Beinamputierter gegen einen Piloten in einem Ultraschalljet antritt.

Wie kommen wir aus unseren gegenwärtigen Mechanismen so heraus, dass sich alle Menschen am Ende erheblich reicher fühlen? Wir nähern uns einer Antwort auf diese manchen Ohren vielleicht weltfremd klingende Frage, wenn wir sie etwas anders stellen: Wie sähe eine Welt aus, in der wir umfassende Potenzialentfaltung für alle siebeneinhalb Milliarden Erdenbürger zum gemeinsamen Ziel erklären?

Für die Menschen, die bereits in einem kooperations- und gemeinwohlorientierten Modus unterwegs sind, ist diese Einstellung längst das neue Grundverständnis von wirklich relevantem Reichtum. Ab einem subjektiv zwar unterschiedlichen, aber nicht maßlosen materiellen Wohlstand werden materielle Zuwächse eher als Stillstand des Wohls beziehungsweise Glücks erlebt. Tatsächlich zeigen Untersuchungen, dass Glück nur bis zu einem bestimmten Niveau mit materiellem Wohlstand korreliert und ab dann praktisch nur noch mit nicht materiellen Faktoren. Echtes Wohlfühlen und Wohlsein wächst spätestens dann anders. Jenseits von Ich-Kultur, diesseits von Wir-Kultur, diesseits von WeQ-Kompetenzen und Potenzialentfaltung. Damit soll keineswegs einem Stillstand an der materiellen Front das Wort geredet werden. Sehr viele arme Menschen brauchen definitiv auch in materieller Hinsicht erhebliches Wachstum. Aber auch Bürger, die mit ihrer materiellen Lage relativ zufrieden sind, werden gerne neue materielle Errungenschaften nutzen, wenn diese nachhaltig sind.

In den Communities, für die WeQ jetzt schon mehr als IQ bedeutet, wächst das Wohlfühlniveau vor allem mit folgenden Erfolgserlebnissen:

- wenn die nähere und möglichst auch die ferne Umgebung Fortschritte in Richtung Nachhaltigkeit erlebt,

- wenn man selbst und in seinen relevanten Arbeits- und Freizeitgruppen lernt, mehr für- und miteinander statt gegeneinander zu arbeiten,

- wenn Achtsamkeit, Empathie und gleiche Augenhöhe in den sozialen Kontexten wachsen,

- wenn man zunehmend soziale und ökologische Innovationen in seinen Lebensalltag einbauen kann,

- wenn man dazu beitragen kann, dass die Welt der sozialen und ökologischen Innovationen und der WeQ-Trends gestärkt und sie dadurch schrittweise nachhaltiger und humaner wird.

Was bedeutet Potenzialentfaltung allerdings für jenen Teil der Menschheit, der von den grundlegendsten materiellen Voraussetzungen einer solchen Lebensperspektive schlicht abgeschnitten ist und in täglichen Überlebenskämpfen verharrt? Wir sprechen hier schließlich von mehr als der Hälfte der Menschheit.

Dort muss eine Entwicklung stattfinden, welche die Menschen aus ihren Verhältnissen herausholt: und zwar schnell, äußerst beherzt, mit allerhöchster globaler Priorität in allen Sektoren und Organisationen der Welt. Dazu braucht es eine höchst motivierte und ungeduldige globale Zivilgesellschaft als kreativen, sozialinnovativen Antreiber. Drei bis vier Milliarden Menschen, die durch konzentrierte gemeinsame Anstrengung vom Status der ausweglosen Hoffnungslosigkeit in den Status hoffnungsvoller Potenzialentfaltung geholt werden, können weit mehr Wohl in die Welt bringen, als wir uns vorstellen können.

Es gibt keinen einzigen Grund, weshalb das menschliche Potenzial in den bisher »unterentwickelten« Ländern geringer sein sollte als in den »entwickelteren«. Im Gegenteil: Die erste Investition, die die mehr als acht Millionen Grameen-Frauen von dem ersten übrigen Geld aus ihrer unternehmerischen Tätigkeit vornahmen, war eine Investition in die Bildung ihrer Kinder. Obwohl sie selbst meist noch Analphabetinnen sind, sind ihre Kinder bereits zu 100 Prozent alphabetisiert, und die meisten sind besonders eifrige Schüler. Sehr viele von ihnen absolvieren ein Studium und schneiden auch dort meist überdurchschnittlich ab. In einer einzigen Generation wurden die Kinder der fast durchweg analphabetischen Grameen-Kreditnehmerinnen zur motiviertesten Bildungselite im Lande.

In China ist es nicht anders. Zwar wird Bildung in den bisherigen Armutsschichten noch zu einseitig mit Pauken gleichgesetzt, doch der Lerneifer führt zu abenteuerlich tief greifenden gesellschaftlichen Veränderungen. Während die erste Generation der mehr als 300 Millionen Chinesen, die in den letzten 20 Jahren aus bitterster Armut herauswuchsen, noch in sehr prekären Arbeitsbedingungen gefangen waren, machen deren Kinder inzwischen in siebenstelliger Höhe jährlich Hochschulabschlüsse vor allem in den Bereichen Ingenieurwesen und Wirtschaft. In der nächsten Generation werden gut ausgebildete und hoch motivierte Spitzenkräfte sehr nahe am westlichen Spitzenniveau sein. Und die Ambition steigt dort bereits auf die nächste Stufe: An der Universität Peking läuft ein Pilotprojekt mit Design Thinking. Wird es für chinesische Verhältnisse angemessen entwickelt, überlegt man schon jetzt, Design Thinking zur Grundausbildung für alle Studenten in diesem Land zu machen. China will zum modernsten und kreativsten Forschungslabor der Welt werden.

Die Motivationskraft aufholender Entwicklung kennen wir auch aus dem Deutschland der Nachkriegszeit. Die sogenannten Trümmerfrauen halfen mit ihrer Lebenskraft und energischen Selbstwirksamkeit signifikant dabei mit, aus einem zerstörten Land in kürzester Zeit ein Wirtschaftswunderland zu machen. Wo Potenzialentfaltung als hoffnungsstiftende Perspektive auftaucht, setzt sie starke Kräfte frei.

Als Malaysia sich auf den Weg machte, dauerte es keine zwei Generationen, bis es – ohne eine einzige Schule, an der man eine Hochschulreife erwerben konnte – eines der dynamischsten Länder mit mehreren Spitzentechnologieclustern wurde. Im Irak und im Iran begaben sich ab den 1970er-Jahren viele Jugendliche ins westliche Exil, weil es in ihren Ländern zu wenig Entfaltungsspielraum gab. Als die USA Anfang des neuen Jahrtausends feststellten, welchen Migrationshintergrund ihre besten Studenten hatten, gab es eine große Überraschung: Ausgerechnet jene aus dem Irak und Iran waren es, Studenten also, deren Herkunftsnationen zu den amerikanischen Hauptfeinden gehörten, die aber selbst alles andere als Anhänger der dortigen autoritären Regimes waren. Indien konzentrierte sich auf IT-Entwicklung und stellt heute die meisten IT-Spitzenkräfte der Welt. Brasilien bringt besonders viele soziale Innovatoren hervor – und schuf durch Celso Creco die erste formelle Börse für sozialinnovative Projekte in der Welt, die São Paulo Social Stock Exchange.

Wo eine bestimmte Entwicklung notwendig ist, macht Not wendig, sobald sich dafür die geringsten Chancen und Perspektiven eröffnen. Derzeit verbreitet sich in Notgebieten der Welt sehr schnell die Kunde: Technologische und digitale Innovationen erfahren durch das Aufblühen einer Kultur sozialer Innovationen eine erhebliche Umsetzungsbeschleunigung. Soziale Innovationen wirken sich als wertvollste Entwicklungstreiber für die bisher Unterprivilegierten aus. Sie tragen zudem eine vielseitigere DNA in sich als die enge Orientierung auf technologische und digitale Entwicklung. Daher generieren sie eine andere Wohlstandsperspektive als unsere zu materiell geratene und können die besten Changemaker in Richtung einer WeQ-Kultur hervorbringen.

Die schrittweise Entfaltung der Potenziale bislang unterprivilegierter Menschen hat erfreuliche Nebenwirkungen: Die Gründe für massenhafte Fluchtbewegungen aus einst armen Ländern verschwinden. Die Perspektive auf ein besseres Leben in der Heimat wirkt friedensstiftend. Wenn wir in den traditionellen Industrieländern verstehen lernen, dass eine aufholende Entwicklung der globalen Unterschicht keine Bedrohung für unseren Wohlstand und unser Wohlbefinden und auch nicht für das Wohl des Ökosystems Erde bedeuten muss, fördert dies eine globale Kooperationsbereitschaft gänzlich neuer Qualität.

Die individuelle und kollektive Potenzialentfaltung unter den Vorzeichen einer WeQ-Kultur und daraus hervorgehender Wohlseinsperspektiven wird eine sehr viel reichere Welt hervorbringen: eine Welt mit nachhaltigen, sinnorientierten und sozial balancierten Formen von Reichtum.

Die menschliche Revolution

WeQ Learning

>> Alles, was lebensfähig und nachhaltig ist, basiert auf Zusammenarbeit. Kooperation und Kommunikation auf Augenhöhe sind grundsätzliche Voraussetzungen dafür, dass ein System haltbar und lebensfähig bleibt. <<

Ervin Laszlo

Das obige Zitat war die Schlüsselbotschaft des Systemphilosophen Ervin Laszlo beim Launchevent zur WeQ Economy Initiative am 3. Dezember 2018. Das gesamte Universum baue auf Kohärenz auf, auf Vernetzung, Verbundenheit, Wechselseitigkeit und Kollaboration.

Wenn wir von Bewusstsein sprechen, so meint dies im Kern nichts anderes als »bewusst sein« über dieses Wesen des Seins auf allen Ebenen – und Bewusst-Sein ist ein Sein, ein Leben in Kohärenz, in Übereinstimmung mit diesem Wesen allen Seins.

Wenn Maja Göpel vom »Great Mindshift« spricht, so meint sie im Kern nichts anderes als den Wechsel zu diesem Bewusstsein. Wenn wir mit WeQ den Paradigmenwechsel ansprechen, der die Menschheit zur ersten rundum menschlichen und kollaborativen Revolution führt, so ist ebenfalls nichts anderes gemeint als die Entdeckung der Kohärenz und Kollaboration, die die Schöpfung zusammenhält und uns als Mitschöpfer zusammenwirken lässt.

Wenn wir von einem »Neuen Wohlstand für alle«, vom »Brückenbau zu einer Wirtschaft für den Menschen« oder allgemein vom Schritt zu einer WeQ-Kultur in der Zivilgesellschaft, im Sozialen, in der Politik oder in der Bildung sprechen, dann ist nichts davon realistisch und realisierbar ohne ein entsprechendes Bewusstsein beziehungsweise den Wandel in diese Richtung. Wenn wir von WeQ Economy oder von WeQ Social oder von WeQ Politics oder von WeQ Education sprechen, so meint dies die Wir-Verbundenheit alles Ökonomischen, Sozialen, Politischen und allen Lernens mit dem gesamten Leben, dem gesamten Ökosystem, der gesamten Menschheit. Wer die Intention der WeQ Initiative willkommen heißt und unterstützt, wächst über eine rein materialistische und konkurrenzorientierte Weltsicht hinaus und erweitert sein Verständnis von Reichtum weit über die heute noch dominierenden Verkürzungen. Wenn wir uns von virulenten Problemen befreien möchten, so ist das Schlüsselthema die Frage unseres Bewusstseins beziehungsweise dessen Weiterentwicklung Richtung WeQ. Wir sollten den Mut fassen, uns diesen Kerngedanken zu stellen, um die weiteren Schritte zur WeQ-Kultur klug, empathisch, einladend, gewinnend und erfolgreich zum notwendigen Durchbruch führen zu können.

Starten wir ein unabhängiges WeQ Learning System.
Kollaborativ. Bewegend. Gestaltend. Jetzt.

Wie können wir die in diesem Buch beschriebene Art des WeQ-Denkens und -Handelns in hinlänglicher Tiefe in eine möglichst große Breite unserer Gesellschaft auf alle Ebenen bringen? Bisher existieren dafür unterschiedliche Arten von Impulsen, von denen mehrere auch hier bereits erwähnt wurden. Was allerdings fehlt, ist ein systematisches Lernkonzept, das dieses kostbare Zukunftswissen und -können vom Tiefenverständnis des WeQ-Megatrends bis zu dessen Umsetzungen in allen Bereichen der Gesellschaft und in Zehntausenden von Projekten in jedes Dorf, in jede Nachbarschaft, in jedes Büro, in jedes Unternehmen, in jede Bildungs- und in jede Verwaltungseinrichtung bringt – und dies so effektiv, dass der daraus entstehende Kulturwandel tatsächlich *überall* stattfindet.

Wäre der Weg über die klassischen Bildungseinrichtungen ausreichend, um dieses Ziel so schnell und effektiv erreichen zu können, wie es für die Bewältigung der Herausforderungen, vor denen die Menschheit steht, erforderlich ist? Wohl schon deshalb nicht, weil unsere Bildungssysteme noch weitestgehend im alten Modus funktionieren.

Grundlegend stellt sich die Frage, wie ein Lernsystem aussehen müsste, mit dem man effektiv und wirksam die entscheidenden WeQ-Werte, -Prinzipien und -Kompetenzen erlernen, erwerben und leben kann. Dabei liegt es nahe, sich in der Welt jener Lern- und Bildungssystemansätze umzusehen, die pionierhaft im WeQ-Modus funktionieren. Dort kann man drei sich komplementär ergänzende Bildungskonzepte und -prinzipien beobachten, die für den Aufbau eines »WeQ Learning System« zentral sind. Diese Prinzipien werden im Folgenden nach von ihnen geprägten großen Projekten benannt (auch wenn sie je von mehr Projekten und Institutionen umgesetzt werden als von den drei großen, die hier herausgegriffen werden):

- **Das Fundaec-Prinzip:** Fundaec ist eine Stiftung, die in den ländlichen Regionen von Kolumbien ein neuartiges Bildungssystem ohne klassische Lehrer aufgebaut hat. In den besagten Regionen herrschte jahrzehntelang die Farc, sodass dort ansässige Lehrer abwanderten und neue nicht hinziehen wollten. Man entschied sich daher für den Aufbau eines tutorialen Bildungssystems, in dem einheimische Bürger durch kurze Trainingsprogramme eingewiesen wurden, mit eigens vorbereiteten Lehrmaterialien Lerngruppen zu gründen. Dies erwies sich als derart effektiv, dass das Kultusministerium in Bogota irgendwann feststellte: Die Lernenden dieses faktisch bürgergetragenen Bildungssystems waren den Lernenden in klassischen Schulen um mindestens eineinhalb Jahre voraus. Ein früherer Vorstand der Bertelsmann Stiftung meinte dazu, dies sei der vielleicht revolutionärste und wertvollste Bildungsansatz unserer Zeit. Das »Fundaec-Prinzip« ist also ein *bürgergetragenes, tutoriales Teamlernsystem mit geeigneten Materialien und Medien* für Wissen und Kompetenzen im Sinne eines »WeQ Learning«. Mit einem solchen Ansatz werden Bürger zu »WeQ-Tutoren«, »WeQ Coaches« und »WeQ Mover«, oder anders formuliert: Sie sind Lernende, Lehrende und Umsetzende zugleich.

- **Das Khan-Academy-Prinzip:** Die Khan Academy wurde bereits vorgestellt. Mit dem Khan-Academy-Prinzip ist der schrittweise Aufbau von zehnminütigen *Online-Erklärvideos* gemeint, die *Konzepte, Projekte und Erfahrungen erläutern, die für das Verständnis des WeQ-Denkens und -Handelns essenziell sind.*

- **Das Wikipedia-Prinzip:** Wikipedia kennen wir alle. Das Wikipedia-Prinzip ist der *Aufbau eines durch Bürger kollaborativ und co-kreativ entstehenden Lexikons von Schlüsselbegriffen.* Diese werden *entsprechend dem WeQ-Denken adaptiert verstanden und neu gefasst und erklärt.* Wie wichtig Schlüsselbegriffe in unserer Sprache und für unser Denken und unsere Haltungen und Handlungen sind, wurde schon an mehreren Beispielen gezeigt. Mit dem Denken Richtung WeQ werden sich alle unsere Schlüsselbegriffe nach und nach neu formieren.

Dem Fundaec-Prinzip entsprechend haben wir im WeQ Institute ein kompaktes Programm entwickelt, mit dem die Grundlage für ein möglichst selbstgesteuertes und eigenverantwortliches Weiterlernen in der WeQ-Denk- und -Handlungswelt geschaffen wird. Das Konzept wird seit 2019 in einem Netzwerk unterschiedlichster Akteure kollaborativ weiterentwickelt. Den Start machten 1–2-Tages-Workshops mit entsprechenden Impulsen, Materialien und Hinweisen, durch die die Teilnehmer ihr WeQ Learning autark systematisch weiterentwickeln können. Begleitangebote für Bürgerinitiativen, Communities, Organisationen und Unternehmen sollen dabei ermöglichen, dass das »WeQ Learning« so eigenständig wie möglich erfolgt. Konzepte und Materialien bilden die Basis gruppen- oder themen- sowie regional bezogener Workshops. Die Teilnehmenden sollen sich nach solchen Workshops alleine oder in Teams als »WeQ Mover« in selbst gewählte Projekte im Sinne von WeQ einbringen können, das Erlernte in ihrem beruflichen Kontext einbringen oder als »WeQ Coaches« beziehungsweise »WeQ-Tutoren« im Sinne des Fundaec-Ansatzes tätig werden.

Zusäzlich soll in zwei Stufen ein »WeQ-Words-Wiki« entstehen. In der ersten Stufe soll jeder Workshopteilnehmende sein eigenes WeQ-Wörterbuch beginnen. In einer zweiten Stufe bringt die WeQ Community ihre Begriffe zu einem öffentlichen Open-Source-»WeQ-Words-Wiki« zusammen.

Den Aufbau von modernen Medien zu einem zeit- und ortsunabhängigen und möglichst vollständigen Verstehen aller Denkkonzepte und zentralen Erfahrungswerte der WeQ-Welt – entsprechend dem Khan-Academy-Prinzip – werden wir parallel zu den Initialworkshops nach dem Fundaec-Prinzip vorantreiben.

Grundsätzlich ist der Aufbau des »WeQ Learning« natürlich eine kollaborative und co-kreative Arbeit. Das WeQ Institute übernimmt hier lediglich die Starterrolle und bringt seine Erfahrungen ein – und hofft auf viele Nachfolger!

Inspirierende Zitate zum Nachdenken oder besser noch Vordenken für das WeQ-Zeitalter

»Der Mensch hat die Aufgabe, der Atomisierung der Individuen und dem Kampf aller gegen alle entgegenzuwirken und so an der Einigung der Welt mitzuarbeiten.«

Teilhard de Chardin

»Von dem, was heute gedacht, hängt ab, was morgen gelebt wird.«

José Ortega Y Gasset

»Zum Niedergang von Kulturen kommt es, wenn auf ein Problem von heute eine Antwort von gestern gegeben wird. Zum Aufblühen von Kulturen kommt es, wenn auf eine Frage von heute eine Antwort von morgen gegeben wird.«

Arnold Toynbee

»Das Leben fragt uns nicht in Worten, sondern in Form von Tatsachen, vor die wir gestellt werden, und wir antworten ihm auch nicht in Worten, sondern in Form von Taten, die wir setzen; insofern, als wir auf die Tatsachen erst zu antworten haben, stehen wir vor vollendeten Tatsachen.«

Viktor Frankl

»Der Individualismus und die Egozentrik, die wir im Augenblick sehen, sind, neurologisch gesehen, eine Fehlentwicklung. Der Einzelne kann nur kurzfristig auf Kosten anderer leben. Aber es geht nicht um kurzfristige Erfolge, sondern um langfristiges Gelingen … Man kann nicht ewig so tun, als säßen wir nicht in einem gemeinsamen Boot. Wir haben keinen individuellen Planeten für jeden Einzelnen. Wir sind viel tiefer miteinander verbunden, als wir wahrhaben wollen.«

Gerald Hüther

Links

WeQ Institute gemeinnützige GmbH
www.weq.institute

WeQ Foundation
www.weq.foundation

WeQ Alliance eG i.G.
www.weq-alliance.net

Über den Autor

© WeQ Institute

Peter Spiegel ist Zukunftsforscher und Entdecker des WeQ-Megatrends, Gründer und Leiter des WeQ Institute sowie Initiator der WeQ Foundation. Er war zuvor Generalsekretär des international renommierten Thinktanks The Club of Budapest und ist jetzt dessen International Ambassador for Economic Affairs, Initiator und Leiter des Vision Summit sowie Initiator und Programmleiter des EduAction-Bildungsgipfels. Spiegel ist Autor und Herausgeber von mehr als 30 Publikationen, darunter eine Kurzbiografie des Friedensnobelpreisträgers Muhammad Yunus und zuletzt »WeQ – More than IQ« sowie mit Franz Alt »Gerechtigkeit – Zukunft für alle«. Er ist zudem als Keynote Speaker, Trainer und Ghostwriter tätig.